TIDEAS Y TRUCOS

PARA DISEÑAR, CORTAR Y COSER

IDEAS Y TRUCOS

1. Para el hogar
2. Para comportarse socialmente
3. Para hablar en público
4. De belleza
5. Para preparar cócteles
6. Para elegir el nombre del bebé
7. Para educar hijos felices
8. Para la cocina
9. Para negociar
10. Para conocer datos útiles
11. Para mejorar su vida sexual
12. Para balcones, terrazas y jardines
13. Para el cuidado de animales de compañía
14. Para la futura mamá
15. Para estudiar y superar exámenes
16. Para escribir correctamente
17. Para estar siempre joven
18. Para aprender a dibujar
19. Para primeros auxilios
20. Para diseñar, cortar y coser
21. Para divertir a los niños
22. Para conocer los vinos
23. Para tener carisma y magnetismo personal
24. Para vivir al aire libre

Elena Cilento

IDEAS Y TRUCOS PARA DISEÑAR, CORTAR Y COSER

Victor

Si usted desea que le mantengamos informado de nuestras publicaciones, sólo tiene que remitirnos su nombre y dirección, indicando qué temas le interesan, y gustosamente complaceremos su petición.

Ediciones RobinBook
Información Bibliográfica
Aptdo. 94.085 - 08080 Barcelona
E-Mail: Robinbook@abadia.com

Título original: *El arte de coser, cortar y diseñar.*
© Editorial Fin de Siglo.
© 1997, Ediciones Robinbook, SL.
Aptdo. 94.085 - 08080 Barcelona.
Diseño cubierta: Regina Richling.
Fotografía: Regina Richling.
ISBN: 84-7927-268-6.
Depósito legal: B-44.137-1997.
Impreso por Romanyà Valls, Pça. Verdaguer, 1, 08786 Capellades.

Impreso en España - *Printed in Spain*

ACLARACIÓN

El presente libro es un curso de Corte y Confección desarrollado mediante un método ágil, moderno y eficaz.

Está estructurado en tres secciones:

- Moldes básicos y sus transformaciones.
- Procedimientos de costura y confección.
- Ejecución completa de quince modelos fundamentales.

Cada sección consta de varias lecciones en las que en forma detallada, sencilla y gráfica se van abordando gradualmente los temas.

Se ha hecho una cuidadosa selección de los mismos con el fin de contemplar las tendencias clásicas y modernas.

El curso contiene además una última lección que introduce en la práctica de diseño.

Por sus características creemos que este curso constituye una opción cierta de capacitación rápida y segura en la materia.

Elena Cilento

MOLDES BÁSICOS Y SUS TRANSFORMACIONES

INTRODUCCIÓN

El proceso de confección de una prenda de vestir consta de tres etapas: realización del molde, corte y costura de la misma.

Creemos que la etapa inicial merece especial atención, puesto que es el pilar sobre el que se apoya el éxito de nuestra tarea.

Un molde bien realizado garantiza que la prenda tenga la forma exacta del modelo seleccionado, que se adapte perfectamente a la silueta y además facilita su confección.

Para dibujar los moldes de toda prenda de vestir, debemos contar con los llamados moldes básicos que **en todos los casos serán transformados** teniendo en cuenta la amplitud necesaria para la comodidad y movimiento y las características del modelo elegido.

Para explicar el concepto de molde básico se ha usado la comparación del mismo con un forro de maniquí, la cual muestra claramente lo indispensable de las transformaciones mencionadas.

Los moldes básicos se realizan utilizando ciertas medidas del cuerpo.

Usted podrá confeccionar prendas destinadas a una persona determinada, o de un taller estándar determinado.

En el primer caso deberá tomar las medidas de la persona como le enseñaremos en la lección Nº 1; en el segundo las tomará de una tabla de medidas estándar y en ambos procederá a dibujar los moldes siguiendo las indicaciones de las lecciones correspondientes.

LECCIÓN Nº 1

MEDIDAS

Para realizar correctamente un molde debe tomar ciertas medidas del cuerpo con exactitud por encima de la ropa interior, de una malla o de un vestido ajustado y estando la persona de pie.

FORMA DE TOMAR LAS MEDIDAS

Contorno de busto
Coloque la cinta métrica alrededor del pecho, de modo que pase por la parte más sobresaliente del busto. Controle que en la espalda quede a la misma altura.

Altura de busto
Mida desde la base lateral del cuello hasta la parte más sobresaliente del busto.

Separación de busto
Mida la distancia entre los centros del busto.

Largo del talle delantero
Coloque la cinta métrica en la base lateral del cuello, hágala pasar por el centro del busto, siga en línea recta hasta la cintura.

Su prolongación marca el largo total de blusa, vestido, etcétera.

Largo de falda
Mida desde la cintura hacia abajo hasta el largo deseado.

Contorno de cintura
Coloque la cinta métrica alrededor de la cintura con un ajuste cómodo.

Contorno de cadera
Coloque la cinta métrica en la parte más sobresaliente de la espalda, pase por los costados y suba hasta llegar a la parte más sobresaliente del vientre.

Largo de manga
Con el brazo flexionado mida desde el punto más saliente del hombro hasta la muñeca, cuidando que la cinta métrica pase por el codo.

Contorno de brazo
Coloque la cinta métrica alrededor del brazo en la base de la axila.

Contorno de sisa
Coloque la cinta métrica en el extremo del hombro, pásela por debajo del brazo hasta llegar al punto inicial.

Contorno de muñeca
Coloque la cinta métrica alrededor de la muñeca sin ajustar.

Contorno de puño
Coloque la cinta métrica alrededor de los nudillos con la mano abierta.

Ancho de espalda
Mida de un hombro al otro, colocando la cinta métrica en la parte más saliente de los mismos.

Largo de pantalón
Mida desde la cintura por el costado hasta la distancia del piso que desee.

Largo de tiro
Coloque la cinta métrica en la espalda apoyada en la mitad de la cintura y hágala pasar por entre las piernas hasta el centro de la cintura por delante.

1: Contorno de busto

2: Contorno de cintura

3: Contorno de cadera

4: Contorno de brazo

5: Contorno de sisa

6: Contorno de muñeca

7: Contorno de puño

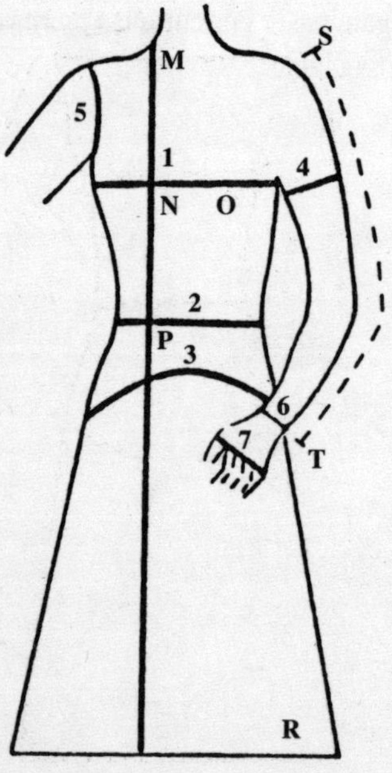

AB: Ancho de espalda

MN: Altura de busto

NO: Separación de busto

MP: Largo del talle delantero

PR: Largo de falda

ST: Largo de manga

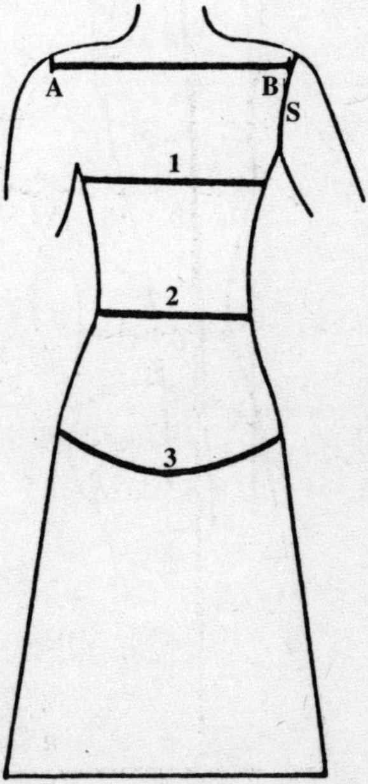

JK: Largo de pantalón

DEF: Largo de tiro

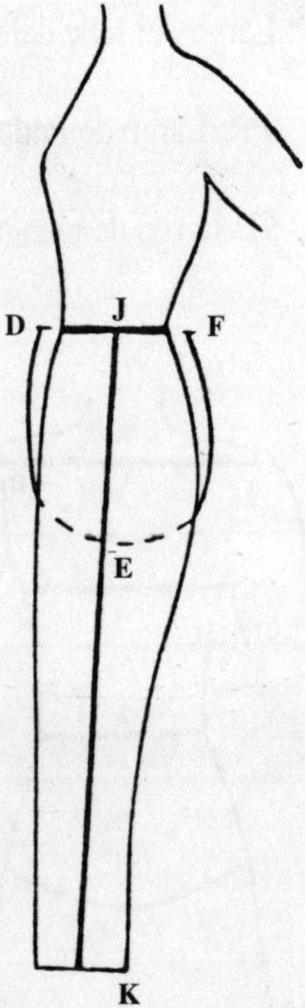

LECCIÓN Nº 2

FALDA CAMPANA

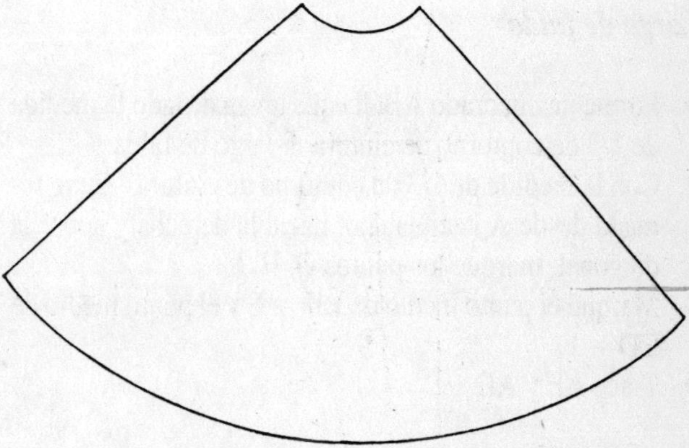

Modelo I
Semicampana

Para realizar el molde de la falda semicampana utilice las siguientes medidas: contorno de cintura (de cadera para prenda de talle largo).

Largo de falda

- Forme un cuadrado ABCD que tenga de lado la medida de 1/3 de contorno de cintura + largo de falda.
- Con la medida de 1/3 de contorno de cintura – 2 cm tomada desde A hacia abajo, hacia la derecha y sobre la diagonal, marque los puntos G, H, I.
- Marque el punto medio de BD = E y el punto medio de CD = F.
- Trace AF y AE.

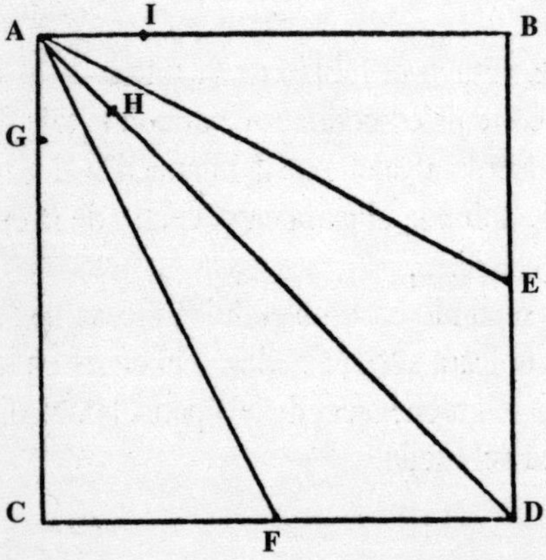

- Una los puntos GH e I por medio de una curva.
- Manteniendo la cinta métrica fija en A traslade la medida de AC sobre las líneas AF, AD y AE: quedan determinados los puntos J, K y L.
- Una por medio de una curva C, J, K, L y B.

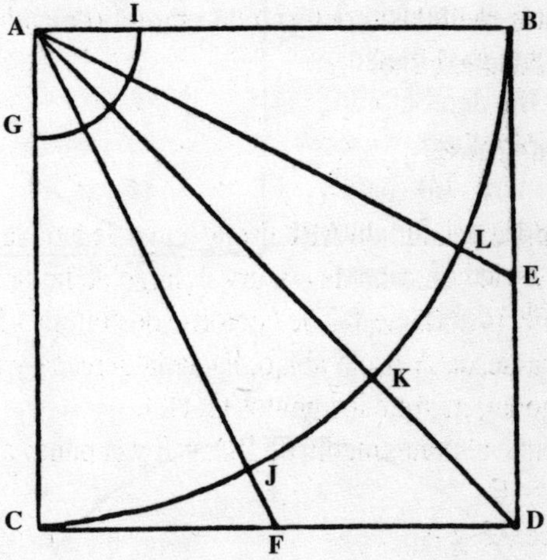

Dado que obtuvo el molde de la mitad de la falda, en la etapa de corte usted podrá trabajar con la tela doble o sencilla de acuerdo al ancho de la misma. En el primer caso la costura de unión la ubicará en el centro de la espalda y allí colocará un cierre.

En el segundo caso obtendrá 2 piezas, las costuras de unión las ubicará a los costados, y el cierre en la izquierda.

Además agregue 5 cm de tela para el dobladillo siguiendo la línea del ruedo.

Modelo II
Campana

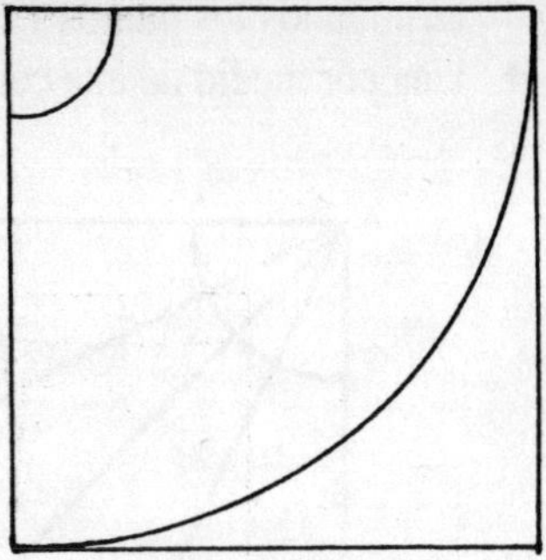

Para realizar el molde de la falda campana proceda de la misma forma que para el modelo I pero tomando la medida AG = 1/6 de contorno de cintura – 1 cm.

Obtendrá 1/4 parte de la falda, por lo tanto deberá cortar 4 piezas iguales o 2 dobles.

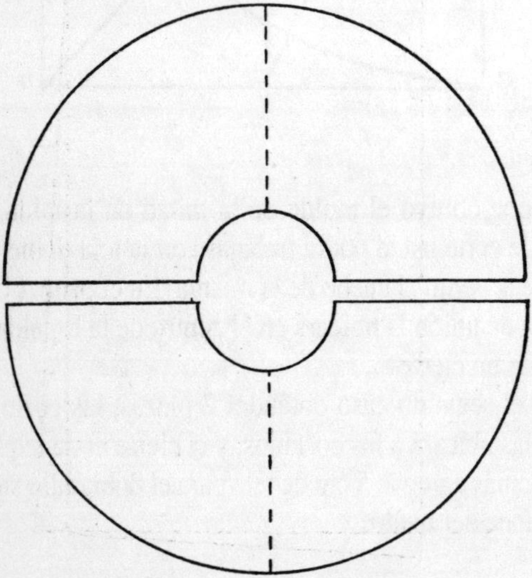

LECCIÓN Nº 3

FALDA BASE

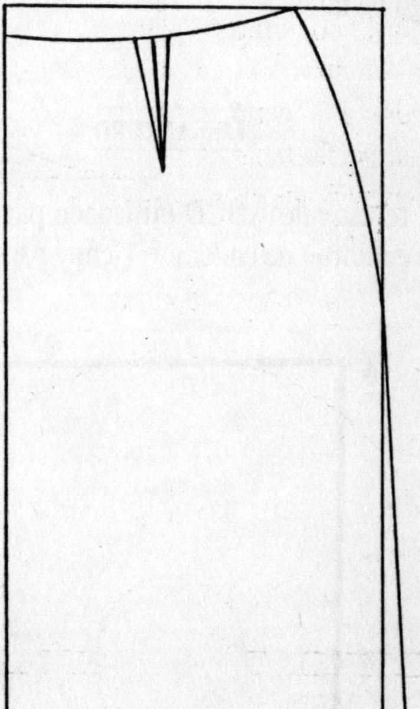

FALDA BASE

Para realizar el molde de la falda base debe tomar las siguientes medidas:

- contorno de cadera
- contorno de cintura
- largo de falda

DELANTERO

Forme el rectángulo ABCD utilizando para AB la medida de 1/4 de contorno de cadera + 1 cm y para BD el largo de falda.

- Desde A 1,5 cm hacia abajo marque E.
- Desde A hacia la derecha con la medida de 1/4 de cintura + 2 cm marque F.
- Trace el segmento EF (con línea punteada) y dibuje la curva de cintura uniendo E con F.
- Desde B hacia abajo con la medida de altura de cadera marque G.
- Una F con G mediante una línea curva.

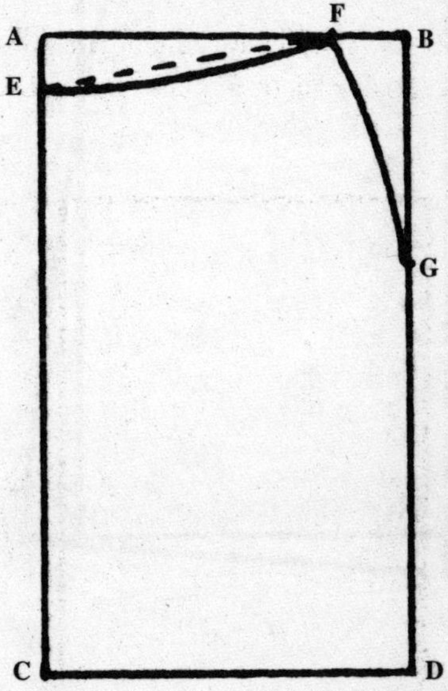

♦ Prolongue AC 1,5 cm hacia abajo y CD 2 cm hacia la derecha, determinando los puntos C' y D' respectivamente.
♦ Trace las líneas C'D' y GD'.

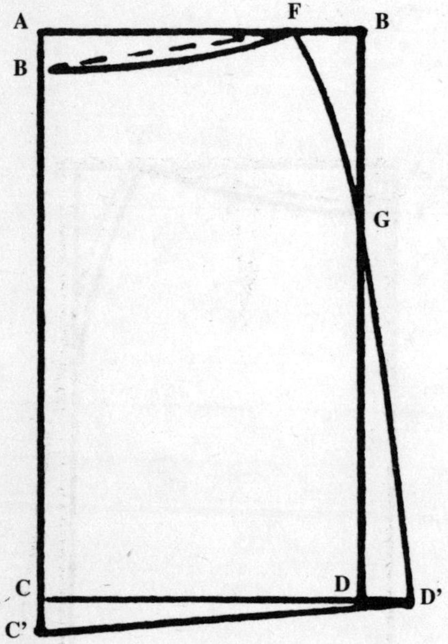

Marque: el centro de EF = XX';
desde X 1 cm hacia la derecha = V y
desde X 1 cm hacia la izquierda = Z.

- Desde X trace la perpendicular XX' al segmento punteado EF, de 10 cm de largo.
- Trace VX' y ZX'.

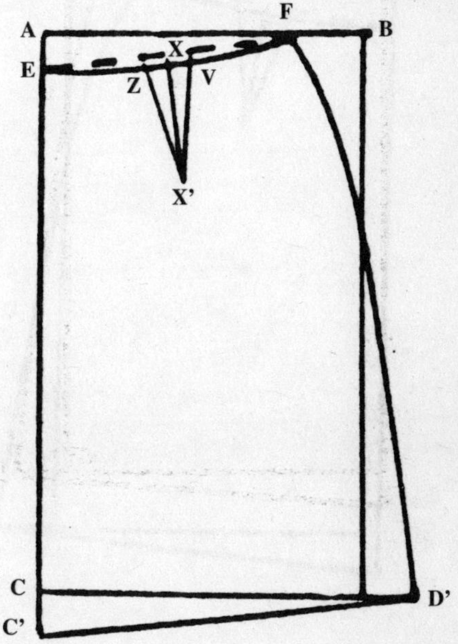

Espalda

Para dibujar la espalda proceda de igual forma que para el delantero, variando solamente la medida de AB. Utilice para ese lado del rectángulo la medida de 1/4 de cadera justo.

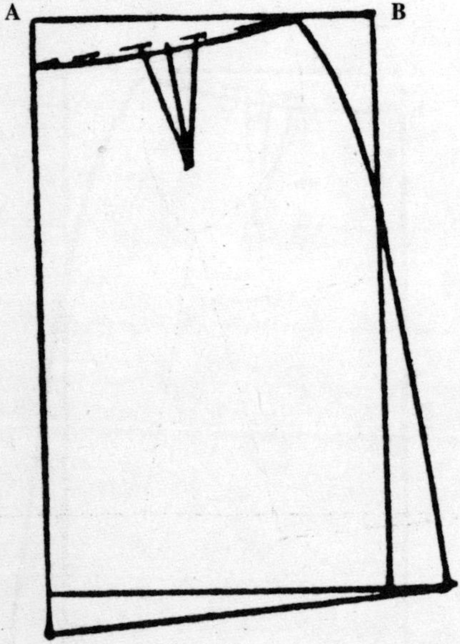

LECCIÓN Nº 4

CORPIÑO BASE

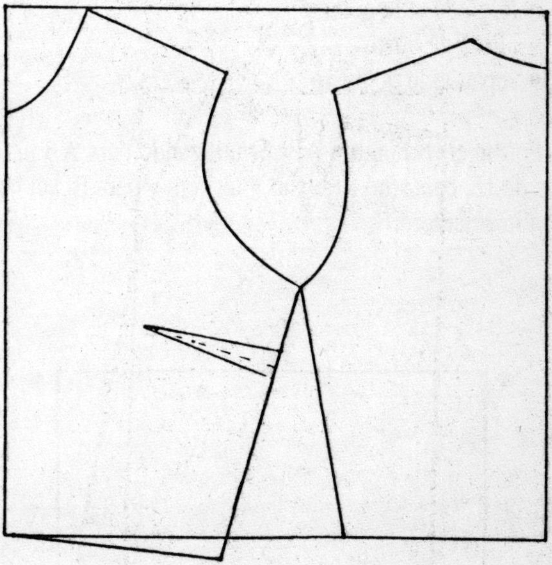

CORPIÑO BASE

Para realizar el molde del corpiño base debe tomar las siguientes medidas:

- contorno de busto
- contorno de cintura
- ancho de espalda
- largo de talle delantero
- altura de busto
- separación de busto

Forme el rectángulo ABCD utilizando para AB la medida de 1/2 contorno de busto + 2,5 cm y para BD el largo de talle delantero.

Divida el rectángulo trazando las líneas que se indican:

- EF tomando desde A la medida de mitad de AB + 2 cm;
- la horizontal GH + 2 cm hacia abajo de AB;
- la horizontal IJ ubicada en la mitad de HD.
- Llame I' al punto de intersección de EF con IJ.

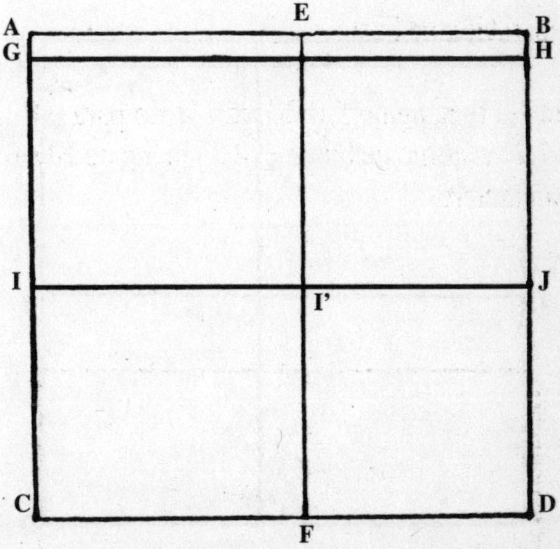

Espalda

- Calcule la sexta parte de HD y con esa medida tomada desde H hacia la izquierda marque K;
- desde H + 2 cm hacia bajo marque L;
- trace una curva que una K con L.

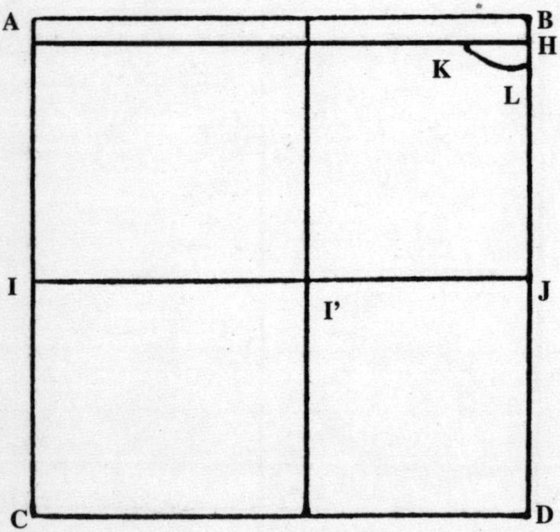

- Desde H hacia la izquierda con la medida de 1/2 ancho de espalda marque Z.
- Trace la perpendicular ZZ' hasta IJ.
- Desde Z + 4,5 cm hacia abajo marque M.
- Llame Y al punto medio de MZ'.
- Trace la línea del hombro uniendo M con K.

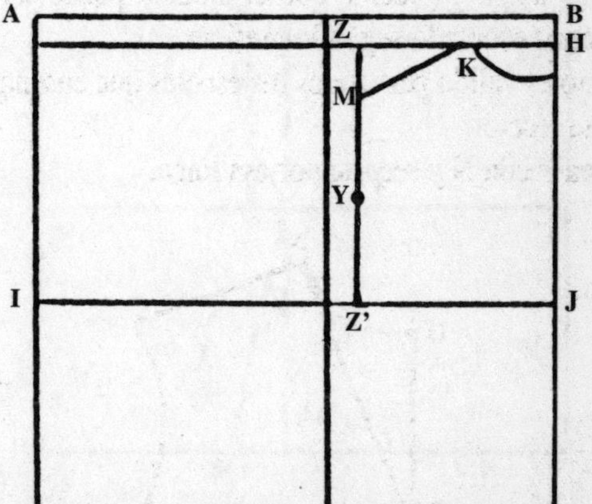

- Dibuje la sisa con una línea curva que comience en M, pase a 0,5 cm hacia la derecha de Y y termine en I'.
- Desde D hacia la izquierda con la medida de 1/4 de cintura marque N.
- Trace la línea del costado uniendo I' con N.

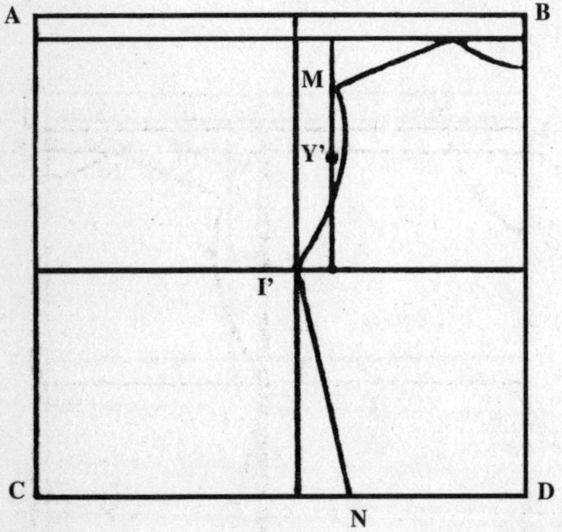

DELANTERO (con pinza en el costado)

- Con la medida KH tomada desde A hacia la derecha marque Ñ.
- Con la medida KH tomada desde G hacia abajo marque O.
- Dibuje el escote del delantero uniendo O con Ñ por medio de una línea curva.

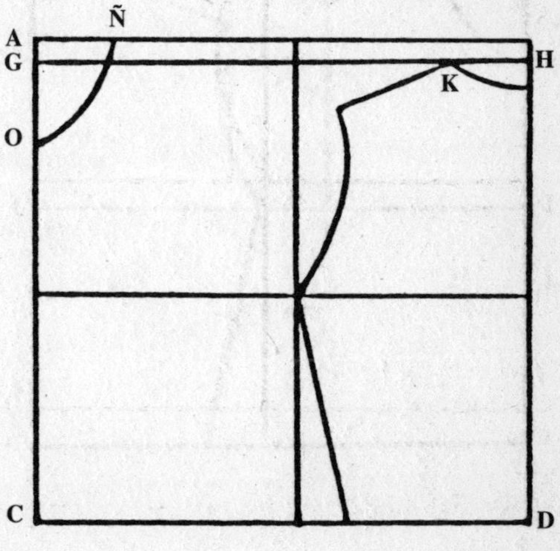

- Desde A hacia la derecha con la medida de 1/2 ancho de espalda marque P.
- Por P trace la perpendicular PP' hasta IJ.
- Desde P + 4,5 cm hacia abajo marque Q.
- Llame Y' al punto medio de QP'.
- Trace la línea del hombro uniendo Ñ con Q.

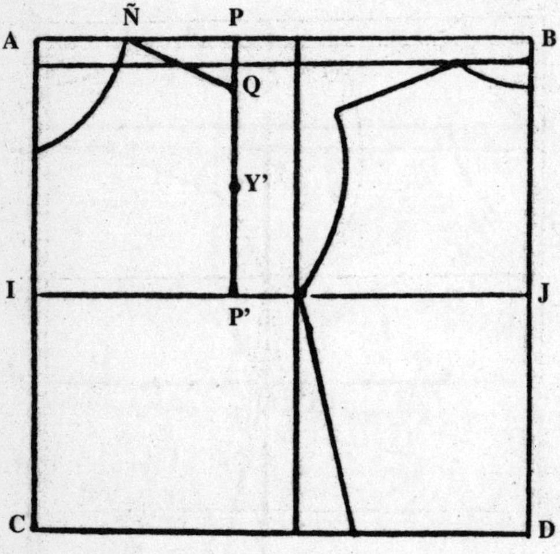

- Dibuje la sisa con una línea curva que comience en Q, pase a 1,5 cm a la izquierda de Y' y termine en I'.
- Desde C hacia la derecha con la medida de 1/4 de cintura + 2 cm marque R.
- Trace la línea del costado uniendo I' con R.

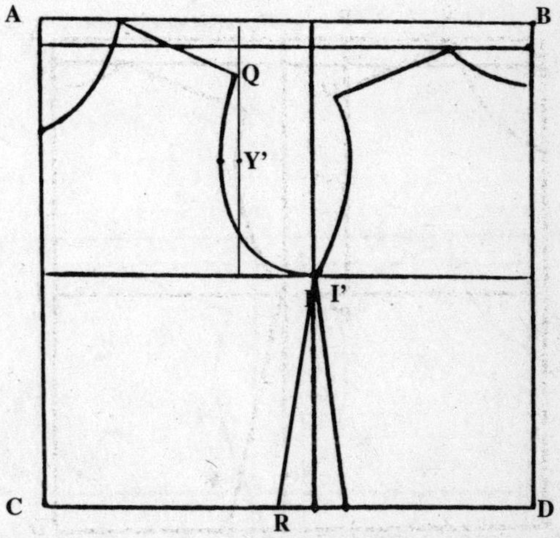

Pinza lateral (pliegue oblicuo triangular)

- Desde A hacia abajo, con la medida de altura de busto marque S. Por ese punto trace ST paralela a AE hasta I'R.
- Desde S hacia la derecha con la medida de 1/2 separación de busto marque U.
- 3 cm hacia abajo de T marque V y una con U.
- 1 cm hacia arriba de V marque W y 1 cm hacia abajo X. Trace WU y XU. (UV = centro de la pinza y XV = profundidad).

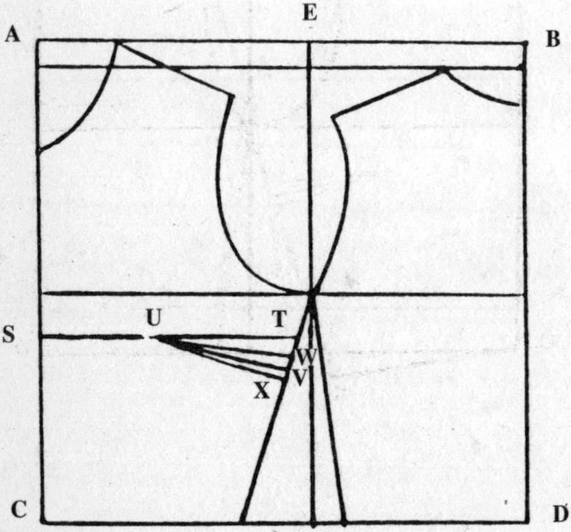

Para que los costados de espalda y delantero queden del mismo largo al cerrar la pinza en la etapa de confección, debe compensar el largo del delantero de la siguiente forma: alargue 2 cm la línea I'R=R' y trace CR'. La pinza lateral se coloca en el delantero para dar amplitud y forma correcta al busto.

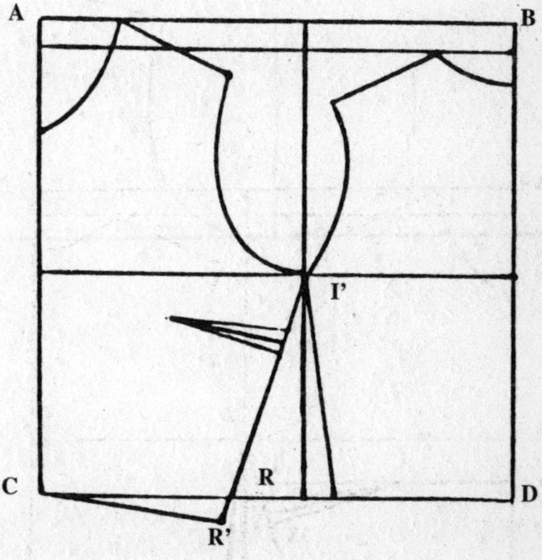

Nota: Trabajando como se indica, usted obtiene el trazado de la mitad del delantero y mitad de la espalda.

LECCIÓN Nº 5

CANESÚ BASE

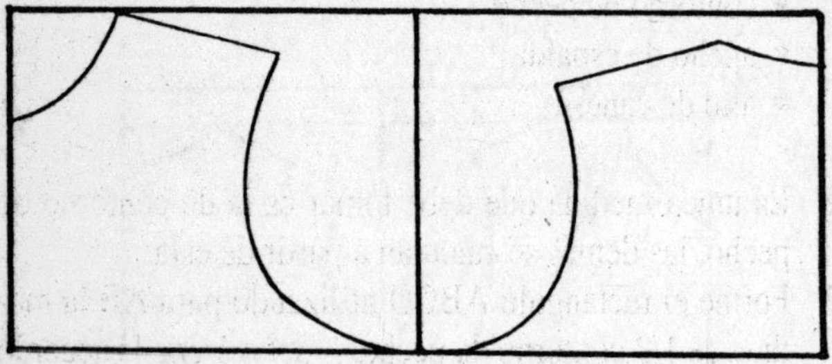

CANESÚ BASE (niños de 0 a 3 años)

Dado que las prendas de niños entre 0 y 3 años son en general de línea suelta, no es necesario dibujar en forma completa el corpiño base, resulta suficiente efectuar el trazado del canesú base.

Medidas necesarias:

- contorno de pecho
- ancho de espalda
- alto de canesú

♦ La única medida que debe tomar es la de contorno de pecho, las demás se calculan a partir de ésta.

♦ Forme el rectángulo ABCD utilizando para AB la medida de 1/2 contorno de pecho + 3,4 o 5 cm de acuerdo a la amplitud que desee, y para BD la medida de 1/4 de contorno de pecho – 3 cm.

- Divida el rectángulo trazando las líneas que se indican:
- la vertical EF ubicada en la mitad de AB;
- la horizontal GH 1 cm hacia abajo de AB;
- la horizontal IJ tomando desde GH la medida de 1/3 de GC.

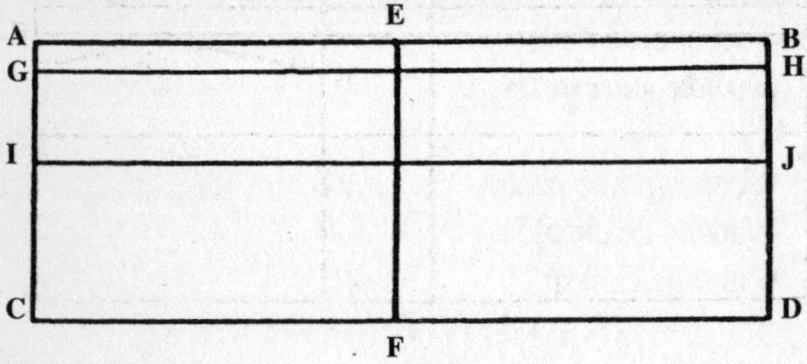

Espalda

- con la medida HJ tomada desde H hacia la izquierda marque K;
- desde H, 2 cm hacia abajo marque L;
- trace una curva que una K y L;
- calcule el ancho de espalda de la siguiente forma: 1/4 de contorno de pecho – 3 cm.

- Desde H hacia la izquierda con la medida de 1/2 ancho de espalda marque Z.
- Por Z trace la perpendicular ZZ' hasta llegar a CD.
- Desde Z, 3 cm hacia abajo marque M.

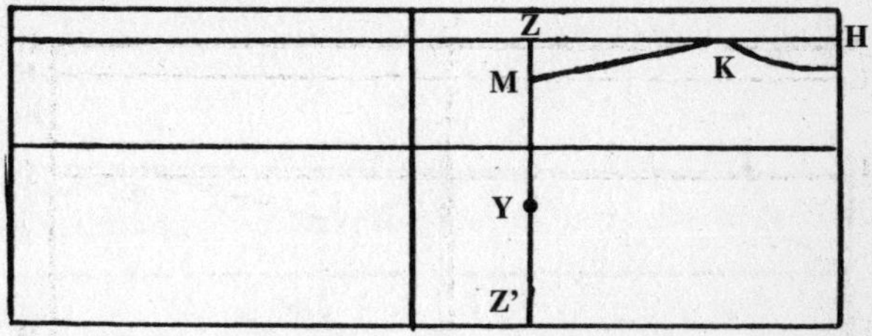

- Llame Y al punto medio de MZ'.
- Trace la línea del hombro uniendo M y K.

- Dibuje la sisa con una línea curva que comiencc cn M, pase por Y y termine en F.

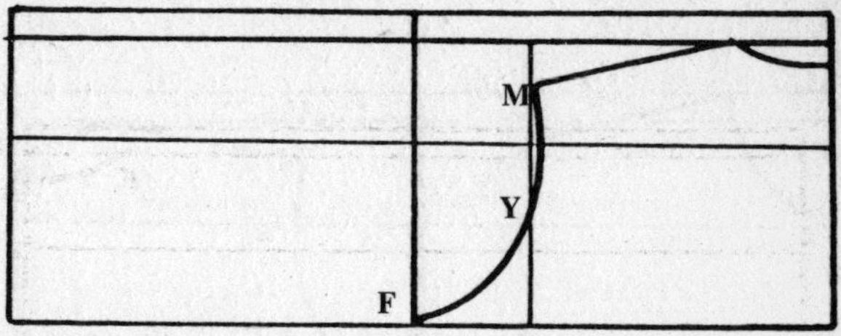

- Con la medida KH tomada desde A hacia la derecha marque N.
- Dibuje el escote del delantero uniendo N e I por medio de una línea curva.

- Desde A hacia la derecha con la medida de 1/2 ancho de espalda marque O.
- Por O trace la perpendicular OO’ hasta llegar a CD.
- Desde O, 3 cm hacia abajo marque P.

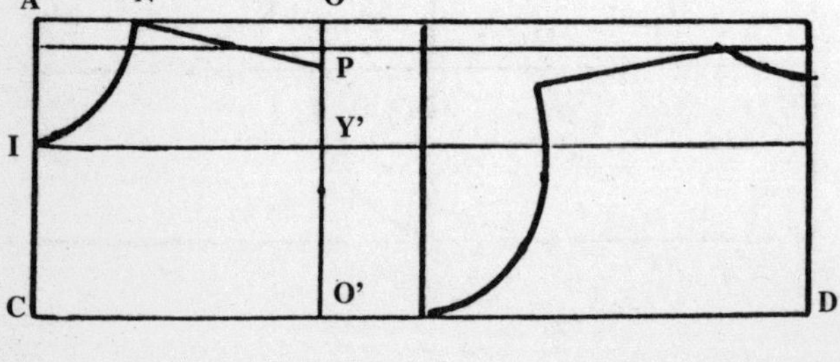

- Llame Y' al punto medio PO'.
- Trace la línea del hombro uniendo P y N.
- Dibuje la sisa con una línea curva que comience en P, pase por Y' y termine en F.

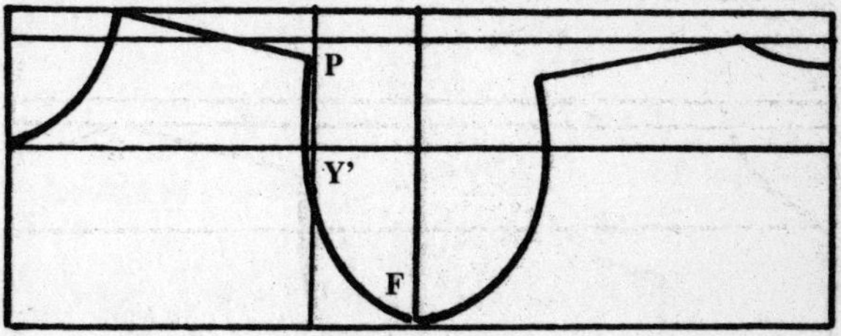

LECCIÓN Nº 6

VESTIDO BASE (niña)

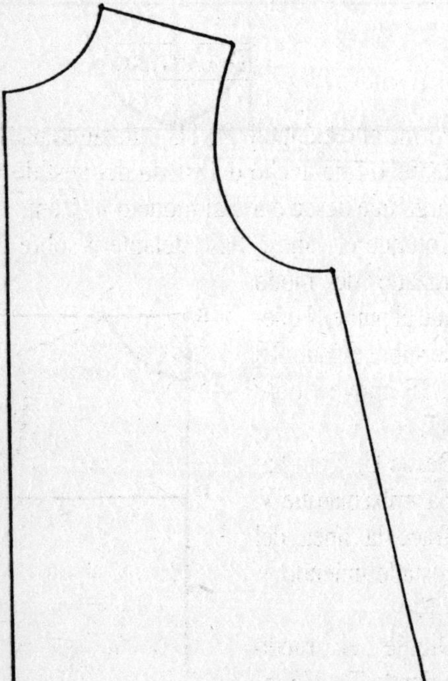

Para realizar el molde de este vestido base debe tener previamente dibujado y recortado el de canesú base.

Medidas necesarias:

- largo del vestido
- ancho deseado para el ruedo

Delantero

- ♦ Forme el rectángulo RSTU utilizando para RS la medida de 1/4 de ancho del ruedo del vestido y para RT el largo que desee darle al modelo + 1 cm.
- ♦ Coloque el canesú base delantero sobre el rectángulo trazado de modo que el punto N quede sobre el lado RS e IB apoye sobre RT.
- ♦ Desde U, 2 cm hacia arriba marque V.
- ♦ Trace la línea del costado uniendo V y F.
- ♦ Dibuje el ruedo uniendo T y V mediante una línea curva como muestra el dibujo.

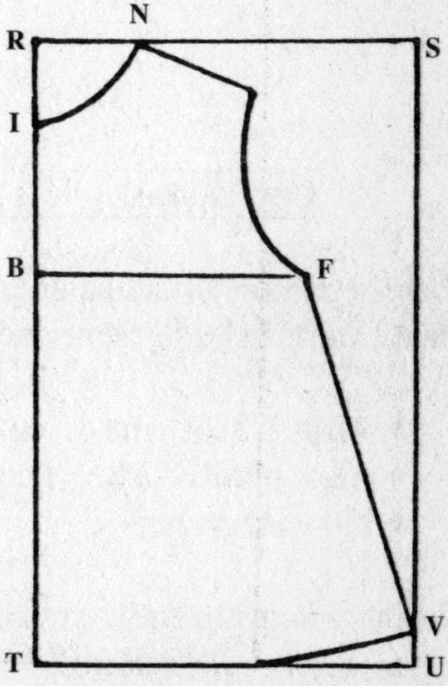

ESPALDA

- Forme el rectángulo R'S'T'U' utilizando para R'S' la medida de 1/4 de ancho del ruedo del vestido y para R'T' el largo justo del modelo.
- Luego proceda de igual forma que para el delantero.

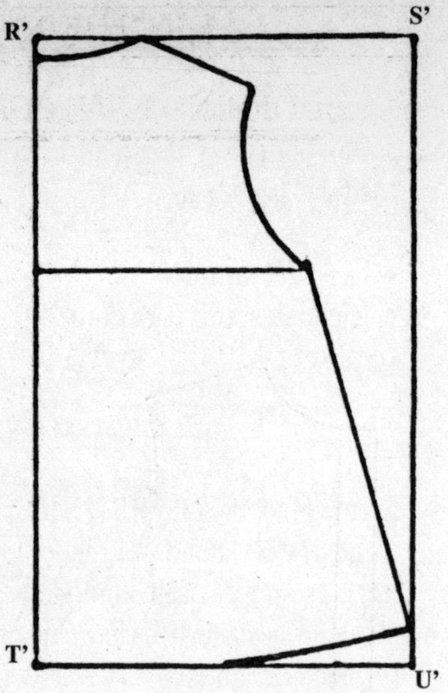

CORPIÑO BASE (niños de 3 a 10 años)

Debe seguir los mismos pasos que para el corpiño base de dama, variando las siguientes medidas:

- AB = 1/2 contorno de busto + 1,5 cm
- AE = mitad de AB + 1 cm
- ZM y PQ = 3 cm

y elimine los pasos que corresponden a la realización de la pinza lateral en el delantero.

LECCIÓN Nº 7

CORPIÑO BASE CON FALDÓN

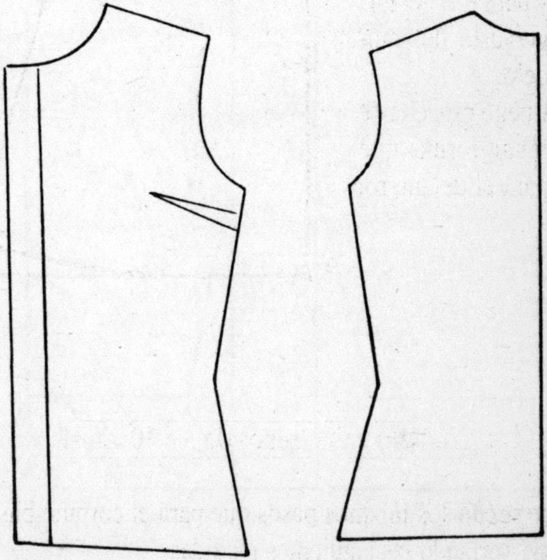

Calque delantero y espalda de corpiño base sobre un nuevo papel dejando entre ellos una separación de 15 cm.

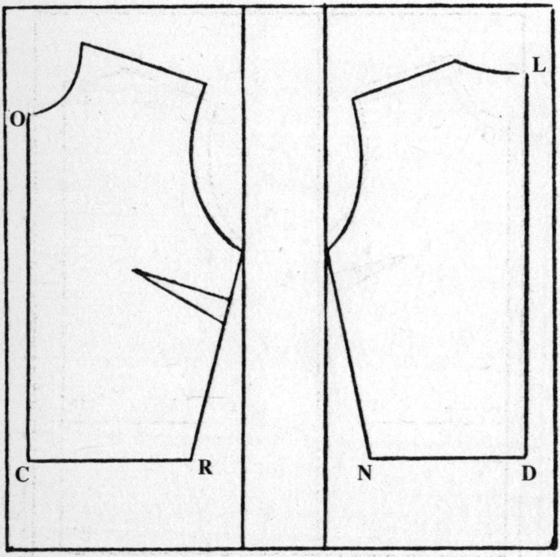

Para formar el faldón siga los siguientes pasos:

- ♦ Prolongue 18 cm hacia abajo la vertical OC = B y LD = B'.
- ♦ Trace la horizontal BB'.

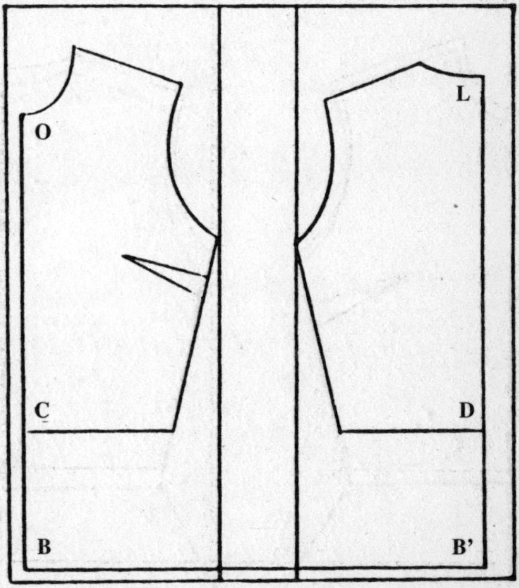

- Desde B hacia la derecha marque E con la medida de 1/4 de cadera + 1 cm.
- Una RE.
- Desde B' hacia la izquierda marque E' con la medida de 1/4 de cadera.
- Una NE'.

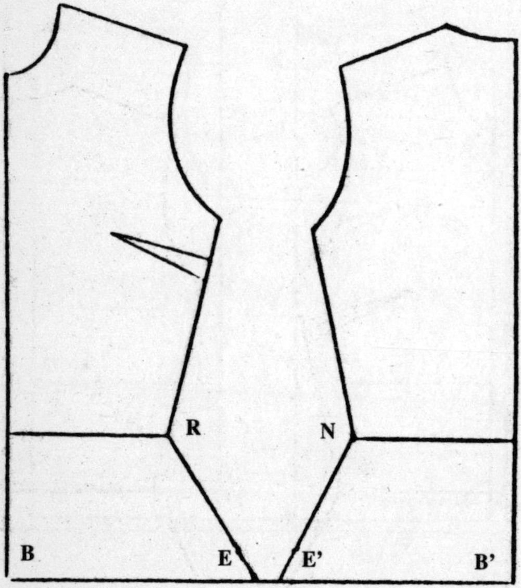

- Prolongue 2 cm la línea RE = F.
- Una B con F.
- Redondee los vértices R y N como muestra la línea punteada del dibujo.

El corpiño base con faldón se utilizará con transformaciones para diversas prendas tales como blusas, chaquetas, chalecos, etcétera.

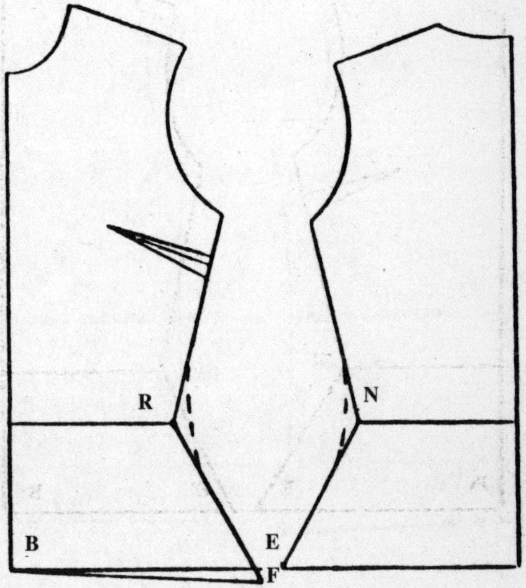

Nota: Si la prenda que usted va a confeccionar no es a medida le recomendamos evitar la pinza lateral.

LECCIÓN Nº 8

BLUSA BASE

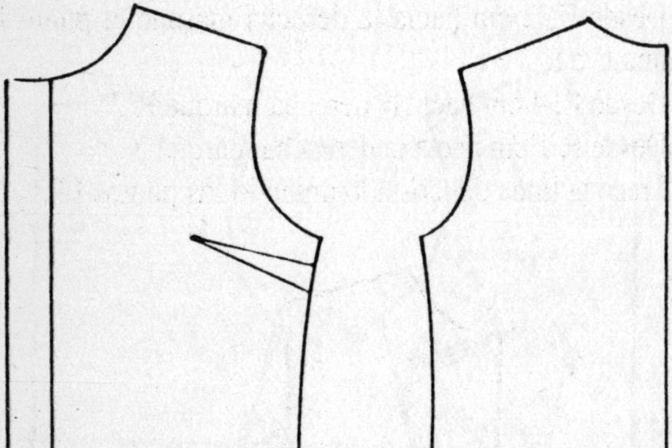

Prepare el molde de corpiño base con faldón, luego proceda de la siguiente forma:

Delantero

- Desde I', 2 cm hacia la derecha marque el punto I y una I' e I.
- Desde R, 4 cm hacia la derecha marque R'.
- Desde F, 1 cm hacia la dereccha marque X.
- Trace la línea del costado uniendo los puntos I R' y X.

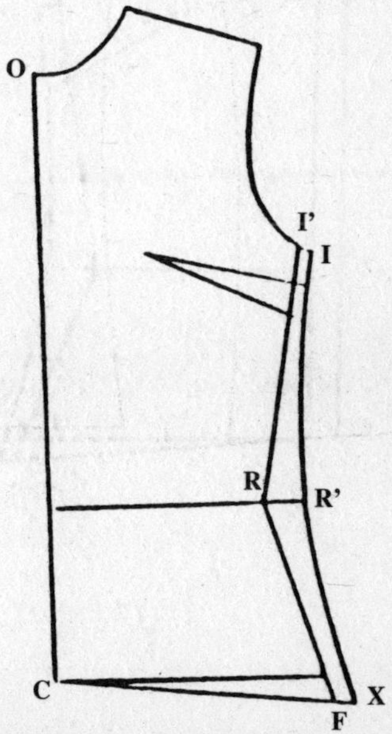

CRUCE DE LA BLUSA

- Desde O,3 cm hacia la izquierda prolongue la línea del escote marcando O'.
- Desde C,3 cm hacia la izquierda prolongue CE, marcando el punto C'.
- Trace la línea O'C'.

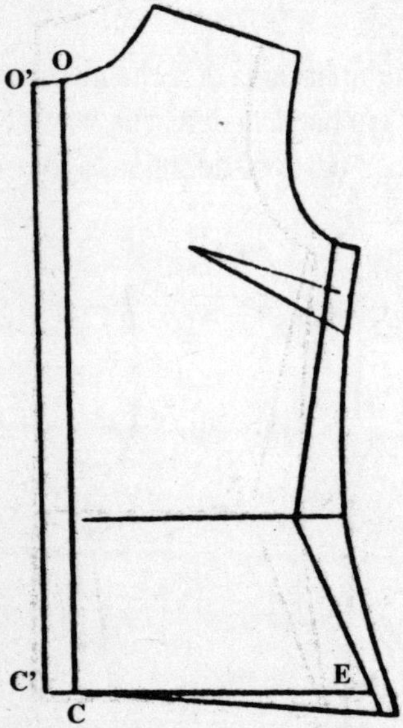

Espalda

- Desde I', 2 cm hacia la izquierda marque el punto I y una I con I'.
- Desde N, 4 cm hacia la izquierda marque el punto N'.
- Desde E', 1 cm hacia la izquierda marque el punto X'.
- Trace la línea del costado uniendo I N' y X'.

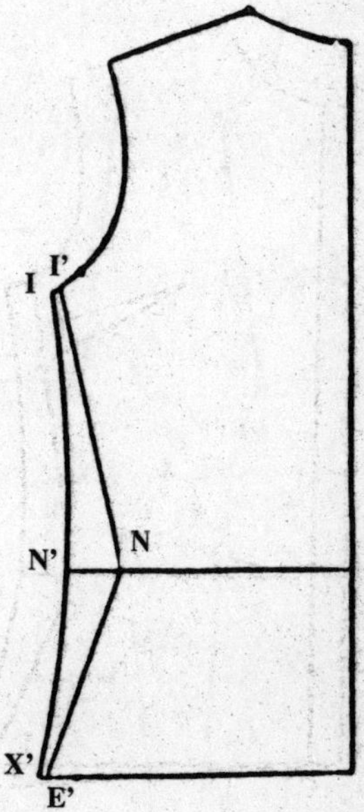

Nota: Los centímetros dados para marcar los puntos I, R' y X en el delantero e I, N' y X' en la espalda pueden ser variados teniendo en cuenta la amplitud del modelo o el gusto personal.

LECCIÓN Nº 9

VESTIDO BASE

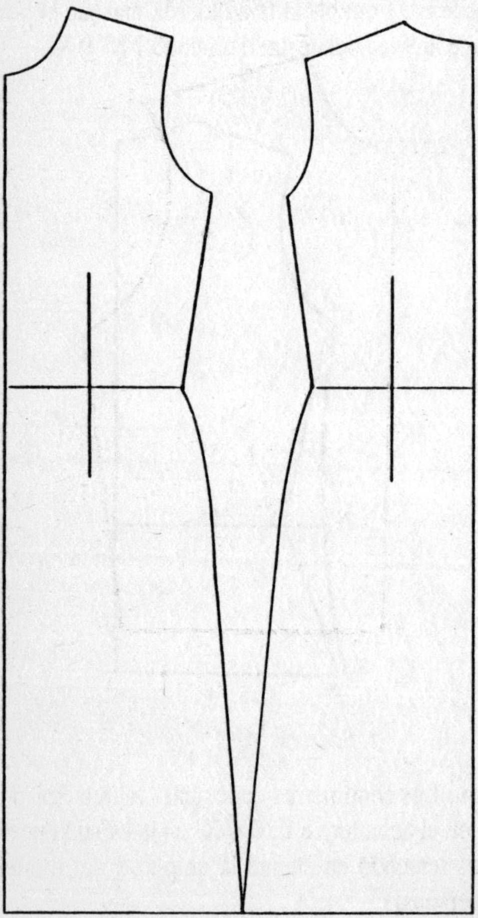

Dibuje el corpiño base sin pinza lateral, con las explicaciones de la lección Nº 4.

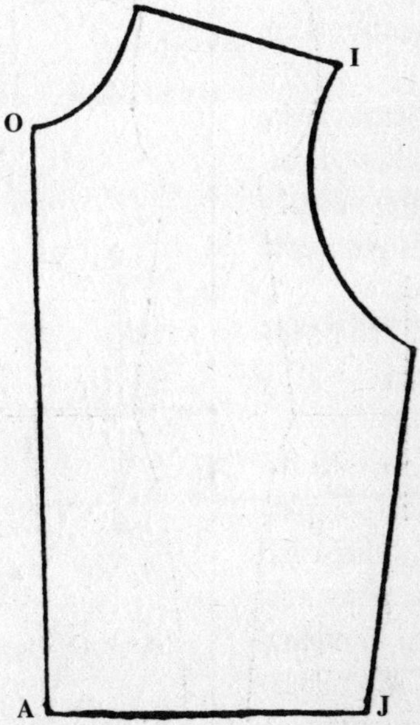

DELANTERO

- Forme el rectángulo ABCD utilizando para AB la medida de 1/4 de contorno de cadera + 1 cm y para AC el largo de falda.
- Desde A hacia la derecha marque 1/4 contorno de cintura + 4 cm = J.
- Desde B hacia abajo marque la altura de cadera (19 cm) = punto H.
- Una J con H por medio de una curva.
- Prolongue CD 6 cm hacia la derecha = D' y trace HD'.
- Apoye la línea AJ del delantero del corpiño base sobre la línea AB de la falda y controle que OA sea la prolongación de CA, y cálquelo sobre el nuevo papel.
- Desde I', 2 cm hacia la derecha marque el punto I siguiendo la línea de la sisa.
- Trace la nueva línea del costado uniendo I con J.

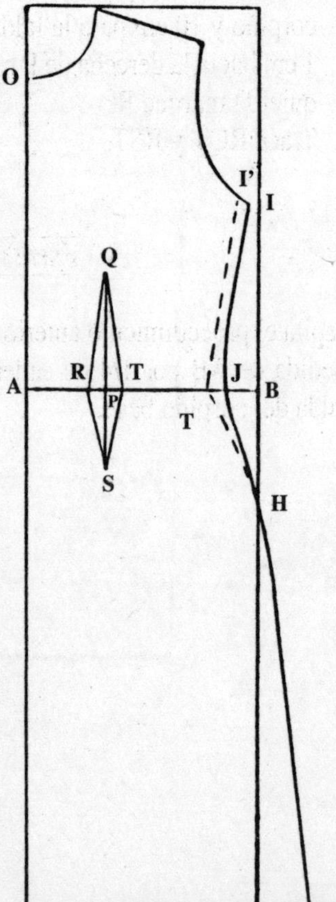

Pinza de entalle

- Desde A hacia la derecha marque P con la medida de mitad de separación de busto.
- Por P trace QS perpendicular a AB de 25 cm de largo, medidos de la siguiente forma: 15 cm para la parte del corpiño y 10 cm para la falda.
- 1 cm hacia la derecha de P marque T y 1 cm hacia la izquierda marque R.
- Trace RQT y RST.

Espalda

Repita el procedimiento anterior cambiando únicamente la medida de AB por 1/4 de cadera justo y utilizando la espalda del corpiño base.

LECCIÓN Nº 10

ESCOTES

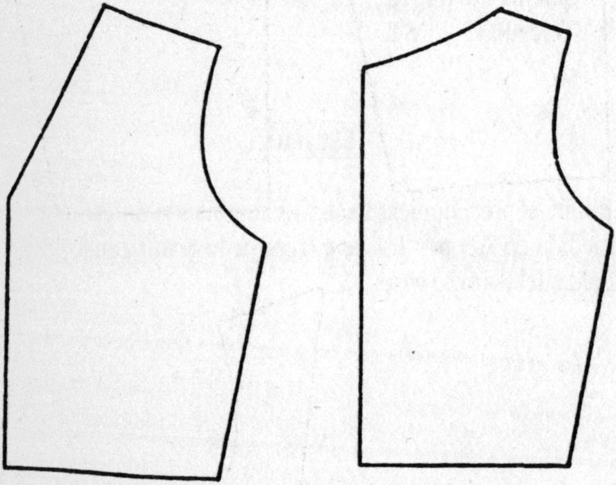

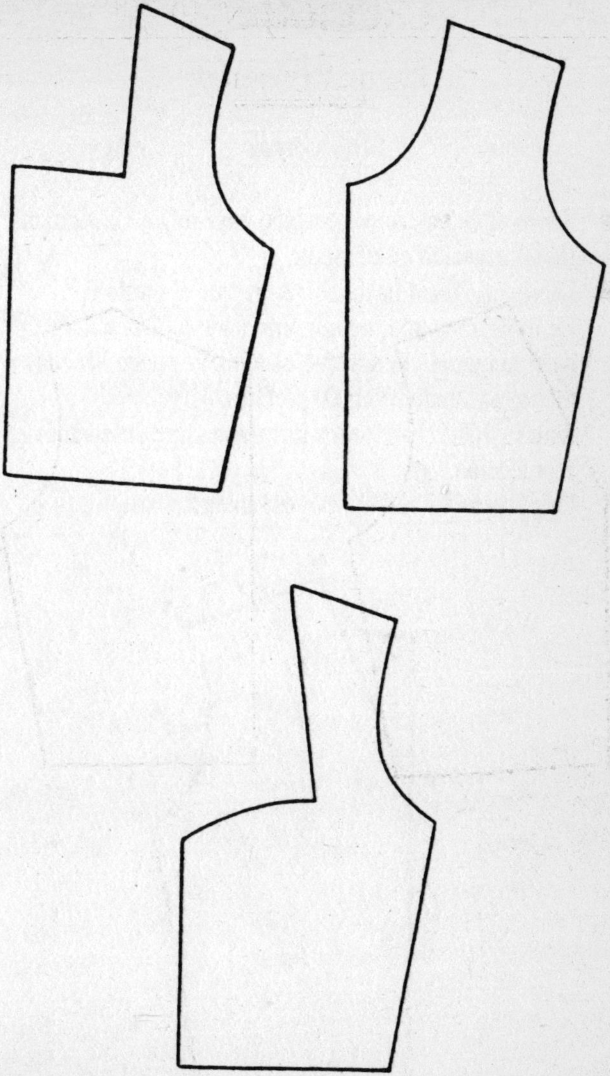

ESCOTES

ESCOTE V (MODELO I)

DELANTERO

- Sobre el delantero del corpiño base realice la siguiente transformación en el escote:
- Desde O, 10 cm hacia abajo marque el punto P.
  Le indicamos una medida tipo para la distancia de OP, pero tenga en cuenta que el modelo puede ser más o menos escotado según lo prefiera.
  Esto es válido para todos los escotes que enseñamos en esta lección.
- Una P con N y recorte por esa línea.

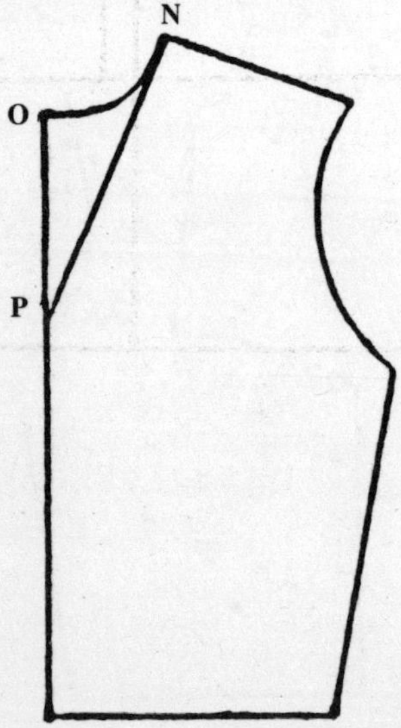

Espalda

Para escote V en la espalda se procede de igual manera.

Escote V (modelo II)

- Desde O, 12 cm hacia abajo marque P.
- Desde N, 1, 2 o más centímetros hacia la derecha marque N' (según prefiera).
- Una P con N' y recorte por esa línea.

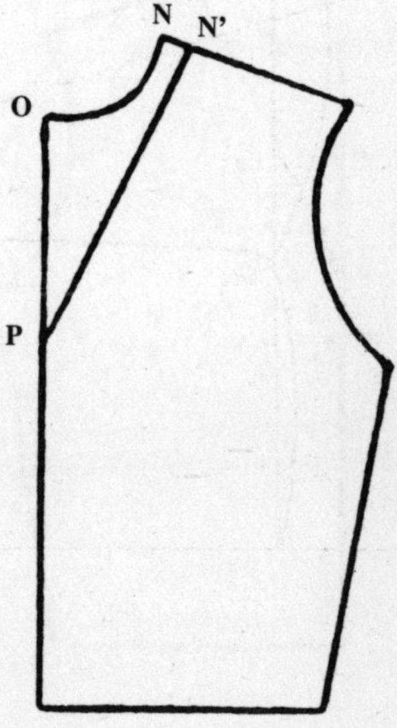

VISTA

Todos los escotes llevan una tela cosida en su interior de 3 o 4 cm de ancho, que se corta con su misma forma y sirve para darles terminación y reforzarlos. Se le llama **vista.** Ejemplo: Vista de escote V.

- Marque P' 3 cm hacia bajo de P y N'' 3 cm a la derecha de N' sobre la línea del hombro.
- Una P' con N'' y recorte la vista PP'N''N'.

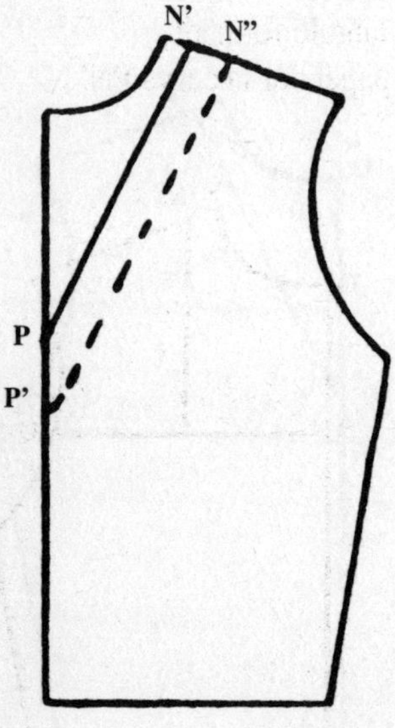

Nota: Con todas las formas de escote proceda de igual manera para realizar el molde de la vista.

Escote U

Delantero

Sobre el delantero del corpiño base realice la siguiente transformación:

- Desde O baje 10 cm = P.
- Por P trace PQ perpendicular a OC.
- Marque el punto N' 2 cm hacia la derecha de N, sobre la línea del hombro.
- Por N' trace la paralela a OC hasta PQ y redondee el vértice del ángulo formado.
- Recorte el papel por la curva PN'.

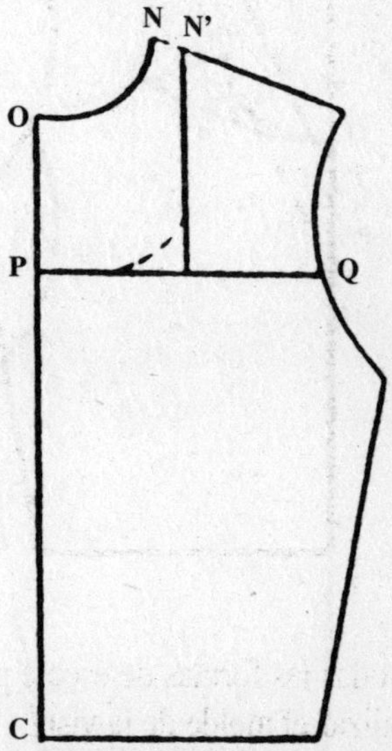

ESPALDA

Si desea transformar el escote base de la espalda proceda de igual forma que para el delantero.

ESCOTE BOTE (MODELO I)

Este escote se caracteriza por llevar más desboque desde la base lateral del cuello hacia el hombro que en el frente.

Realice la siguiente transformación sobre delantero y espalda del corpiño base:

- Marque N' 4 cm hacia la derecha de N.
- Una O con N' mediante línea curva y recorte por esa línea.

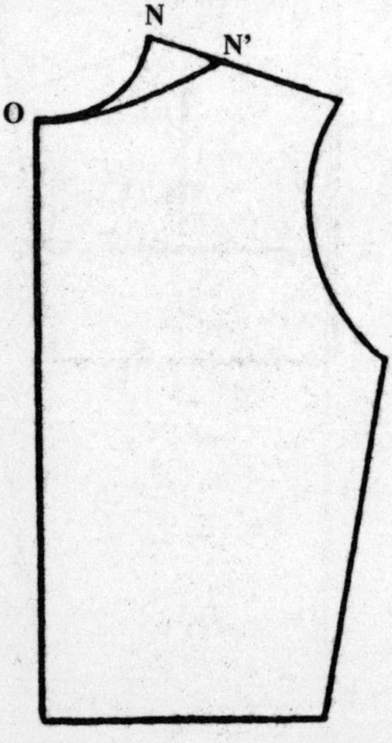

Escote Bote (modelo II)

Delantero: OO' = 2 cm
NN' = 4 cm

Espalda: OO' = 1 cm
NN' = 4 cm

Escote cuadrado

Delantero

Sobre el delantero del corpiño base realice la siguiente transformación:

- Desde O baje 12 cm = P.
- Por P trace PQ perpendicular a OC.
- Marque N' 2 cm hacia la derecha de N, sobre la línea del hombro.
- Por N' trace la paralela a OC y llame X a la intersección de ella con PQ.
- Desde X, 1 cm hacia la izquierda marque X'.
- Una X' con N'.
- Recorte por las líneas N'X' y X'P.

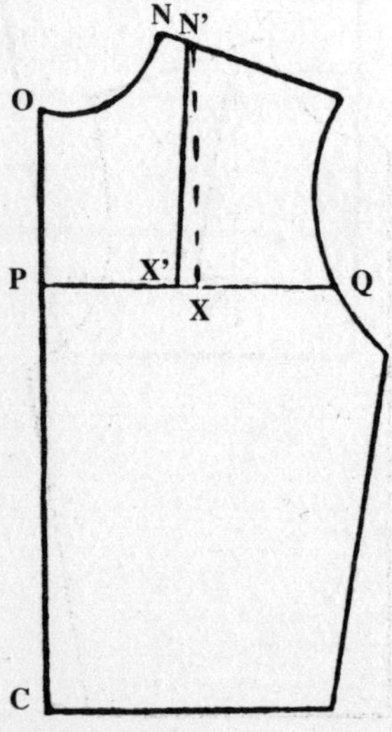

Escote espejo

Trabaje sobre el delantero del corpiño base previamente dibujado.

- Desde O baje 10 cm = P.
- Desde P baje 4 cm = S.
- Por P trace PQ perpendicular a OC.
- Marque N' 2 cm hacia la derecha de N, sobre la línea del hombro.
- Por N' trace la paralela a OC y llame X a la intersección de ella con PQ.
- Desde X, 2 cm hacia la derecha marque X'.
- Una S y X' por medio de una curva.
- Una los puntos N' y X' por medio de una línea recta.
- Recorte por las líneas S X' y X' N'.

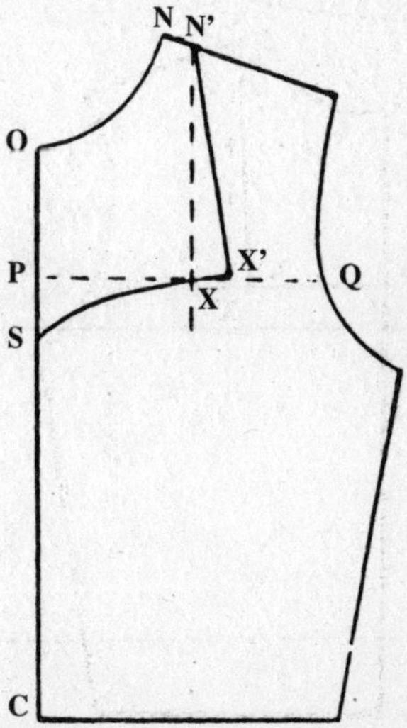

LECCIÓN Nº 11

CUELLOS

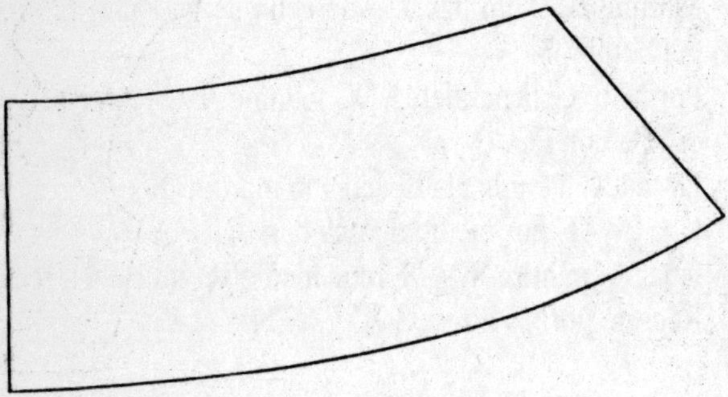

Marinero y Baby

♦ Ubique delantero y espalda de blusa base sobre un nuevo papel de molde, con las líneas de los hombros unidas como muestra el dibujo.

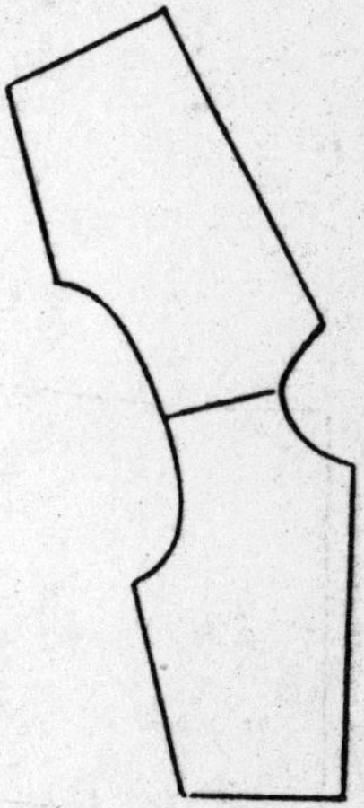

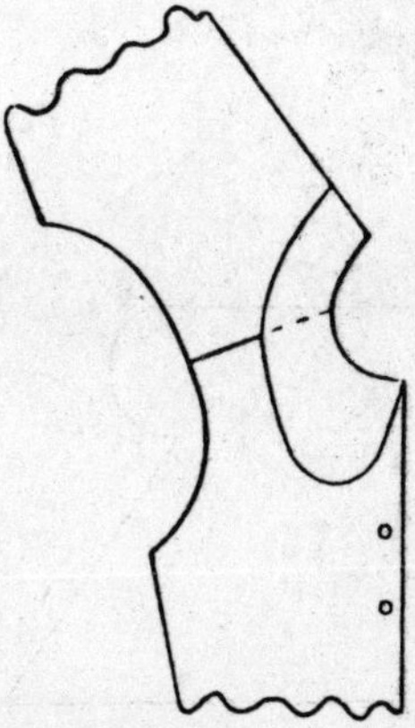

♦ Calque la mitad del contorno de escote de espalda y delantero, unos centímetros de la línea central de delantero y espalda y unos centímetros de curva de sisa.

- Retire el molde base y sobre el calco dibuje el cuello que desee.
- Recorte el modelo obtenido.

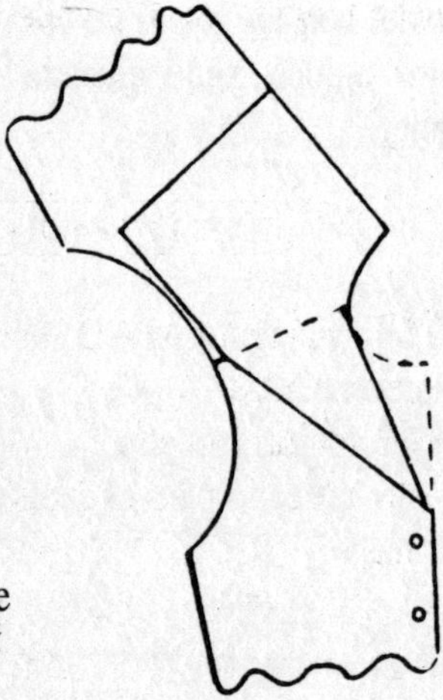

Sobre base
Escote V

CUELLOS ALTOS

En estos cuellos la línea de quiebre está por encima de la costura de fijación en el escote. Todos ellos se dibujan tomando como base un rectángulo.

La medida de contorno de cuello necesaria para su realización debe tomarla en la prenda después de armada y probada.

CUELLO SENCILLO

- Forme un rectángulo ABCD sobre papel doble con las siguientes medidas:
  AB = 1/2 contorno cuello
  BD = alto deseado para el cuello (por ejemplo 8 cm o más).

- Prolongue CD los centímetros necesarios para la punta del cuello = D'.
- Complete el rectángulo BDD'B'.
- Marque E 2 cm hacia abajo de A y una E con B por medio de una curva.
- Una B con D'.

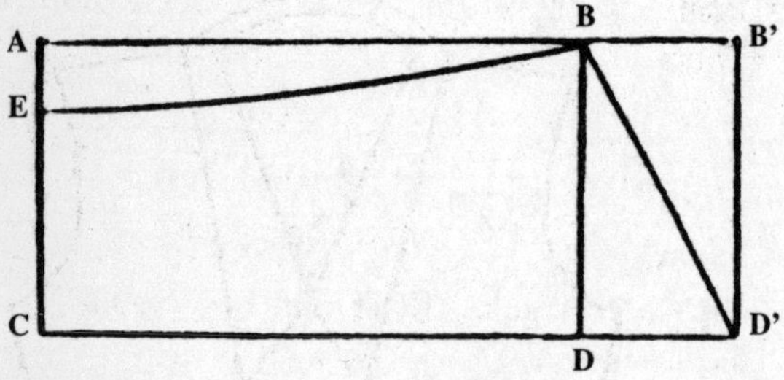

CUELLO PARA ABRIGO

AC = 12 cm
AE = CF = DD' = D'G = 4 cm

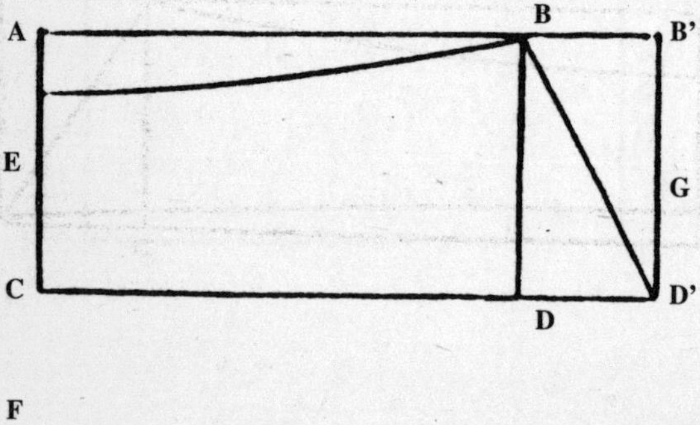

Cuello golondrina

AB = mitad de contorno escote delantero más mitad contorno escote espalda.

AC = 8,5 cm

AE = 2 cm

CF = 1 cm

DD' = 7 cm

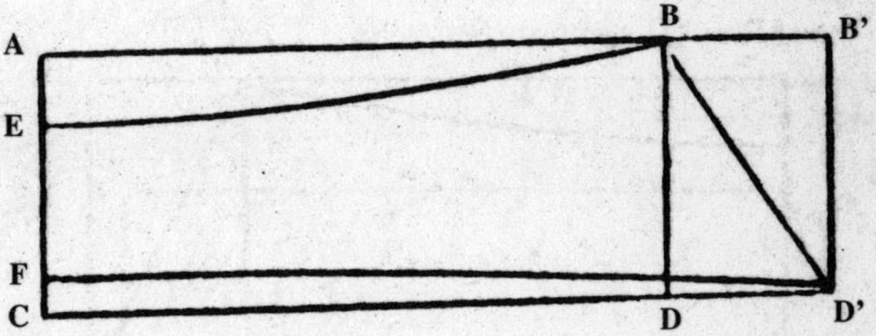

Cuello polera

♦ Forme sobre papel doble un rectángulo ABCD utilizando las siguientes medidas:

- AB = 1/2 contorno de cuello y
- BD = 4 veces el ancho de cuello que ha elegido.

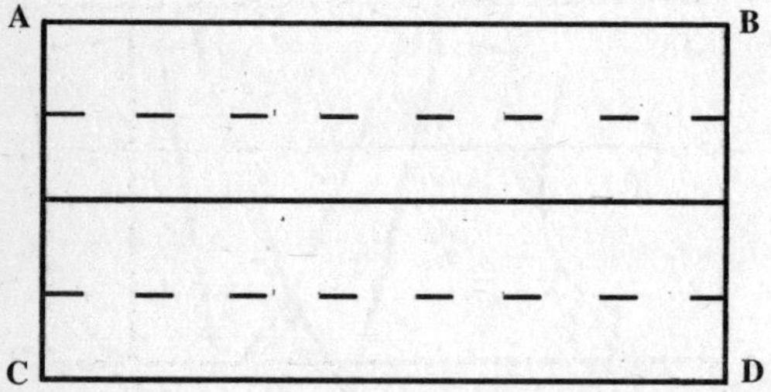

Cuello camisa (con tirilla unida)

♦ Forme un rectángulo ABCD utilizando las siguientes medidas:

- AB = 1/2 contorno de cuello + 2 cm
- BD = 7 cm.

♦ Divida el rectángulo trazado con las siguientes líneas:
EF = paralela a AB, ubicada a 3 cm de ésta
GH = paralela a BD, ubicada 2 cm hacia la izquierda de ésta.

♦ Llame I al punto de intersección de EF con GH.

♦ Desde B, 1 cm hacia abajo marque B'.

♦ Una I con B' y G por medio de una curva.

- Desde D, 1 cm hacia arriba marque J.
- Una C con J y J con I.

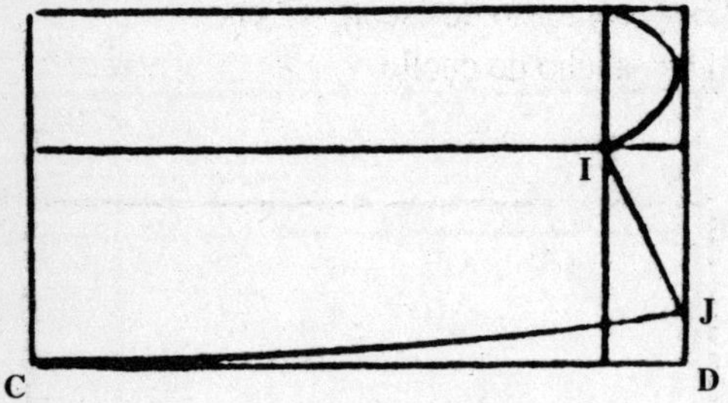

CUELLO DE TIRA (o tipo militar)

♦ Dibuje un rectángulo ABCD con las siguientes medidas:

- AB = contorno de escote – 2 cm
- BD = ancho de cuello

♦ Divida ABCD en tres partes por las líneas EF y GH de modo que AE = 1/2 escote espalda y EG = 1/2 EB.

♦ Corte FE y HG desde F y H hasta 0,5 cm antes de E y G respectivamente.

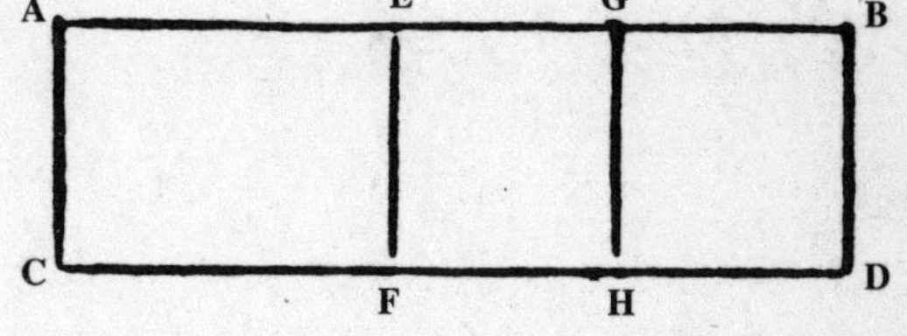

- Coloque este rectángulo sobre un nuevo papel.
- Abra los cortes formando dos triángulos de 1 cm de base cada uno y calque la forma resultante.
- Redondee el ángulo superior.

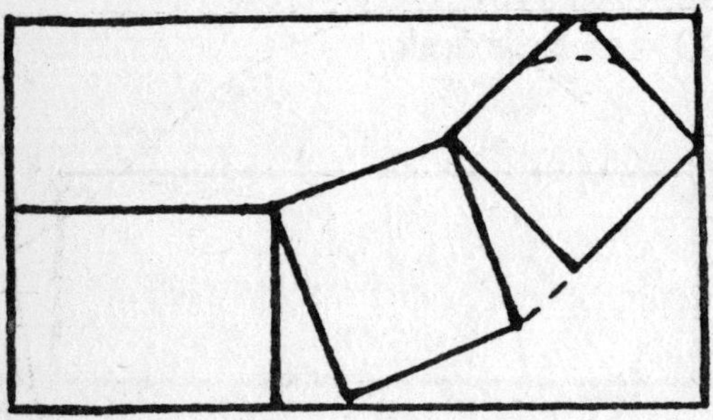

LECCIÓN Nº 12

MANGA BASE

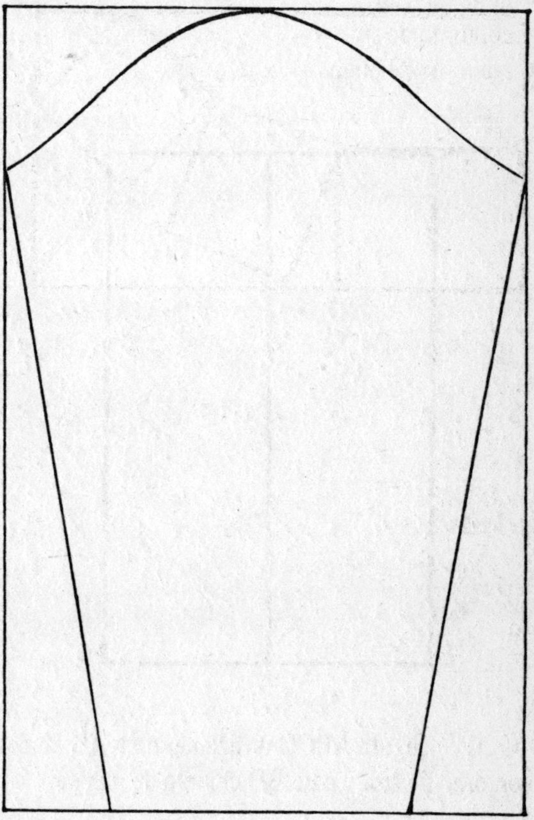

MANGA BASE

Para realizar el molde de la manga base debe tomar las siguientes medidas:

- largo de manga
- contorno de sisa
- contorno de puño

Forme el rectángulo ABCD utilizando para AB la medida del contorno de sisa y para BD el largo de manga.

♦ Divida ABCD en dos rectángulos iguales mediante la vertical EF.

- Desde A hacia abajo con la medida de 1/4 de contorno de sisa + 2 cm marque G y trace la horizontal GG' paralela a AB.
- Una G con E y G' con E.

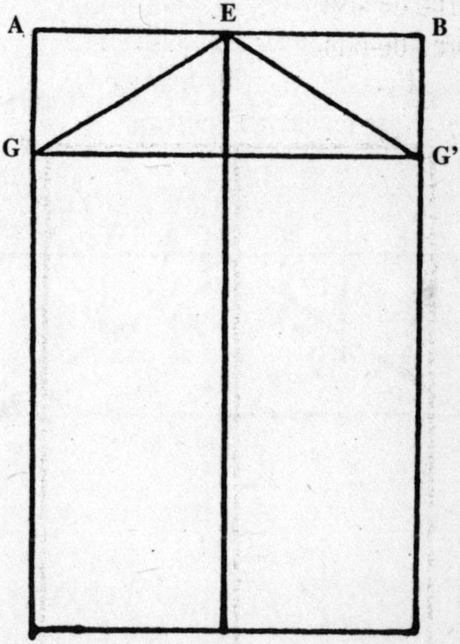

- Divida AB en 8 partes iguales determinando los puntos, H, I, J, K, L y M.
- Por ellos trace las perpendiculares a AB y llame H', I', J' y K', L', M' a los puntos de intersección de las mismas con GE y G'E respectivamente.
- Desde H', 1/2 cm hacia arriba marque N.
- Desde I', 2 cm hacia arriba marque O.
- Desde J', 2 cm hacia arriba marque P.
- Desde K', 1 cm hacia arriba marque Q.
- Desde L', 1 cm hacia arriba marque R.

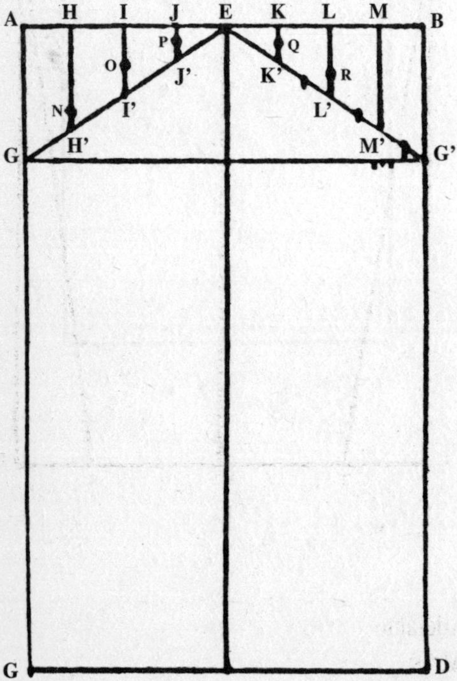

- Trace la curva de sisa uniendo los puntos G, N, O, P, E, Q, R, M' y G'.
- Desde F hacia la derecha y hacia la izquierda marque 1/2 contorno de puño determinando los puntos S y T.
- Una G' con S y G con T.

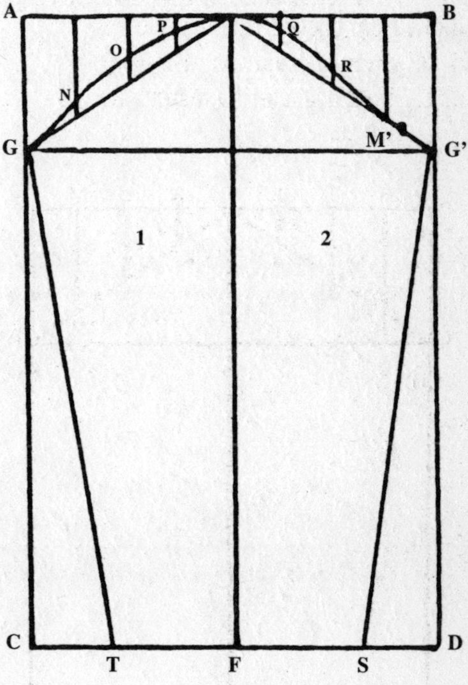

1. Adelante
2. Atrás

Niños

La manga base para niños se realiza de igual forma que la anterior pero cambiando las siguientes medidas:

- AG se calcula tomando 1/4 de contorno de sisa + 1 cm.
- O, P y Q, R se encuentran 1,5 cm hacia arriba de los puntos I', J' y K', L'.

LECCIÓN Nº 13

BLUSA DE CORTE JAPONÉS

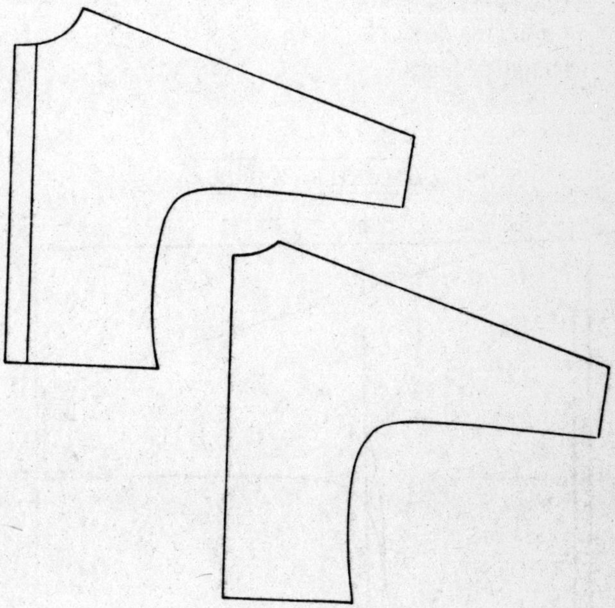

BLUSA DE CORTE JAPONÉS

Para formar el delantero y la espalda de la blusa de corte japonés trabaje solamente con el delantero de blusa base, sin pinza lateral y con las siguientes medidas:

- largo de manga
- puño
- contorno de busto
- contorno de sisa
- largo de blusa

DELANTERO Y MANGA

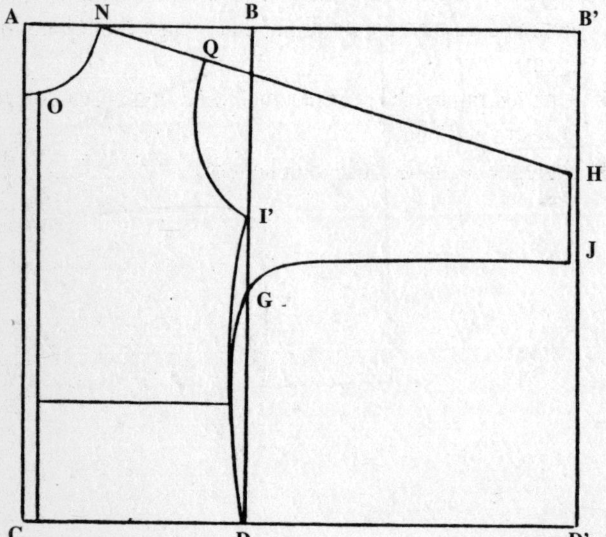

En este molde las mangas se dibujan como continuación del cuerpo hacia los costados, no tienen la costura de unión de las sisas, por lo tanto van cosidas en las líneas del hombro (NH) y del bajo brazo (JGD).

- Dibuje un rectángulo ABCD y dentro de él prepare el molde de delantero de blusa base.
- Dibuje otro rectángulo BB'DD' unido al anterior por el lado BD con la medida BB' = largo de manga.
- Trace la línea QH prolongando la línea del hombro hacia la derecha con la medida del largo de manga.
- Desde H hacia abajo trace una paralela a BD que mida 1/2 de ancho de puño + los centímetros que desee de amplitud = HJ.
- Desde I' hacia abajo marque G a tantos centímetros como desee para dar amplitud a la manga (por ejemplo 5 cm).
- Una los puntos JG y D por medio de una curva como muestra el dibujo.
- Agregue 3 cm de cruce al delantero.

ESPALDA

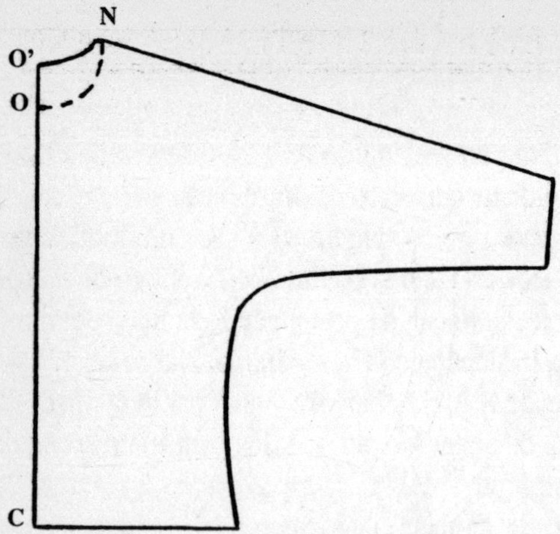

- Calque sobre un nuevo papel el delantero formado, pero sin el agregado del cruce.
- Prolongue OC 5 cm hacia arriba = O'.
- Una O' con N por medio de una línea curva para formar el escote de la espalda.

LECCIÓN Nº 14

BLUSA DE CORTE AMERICANO

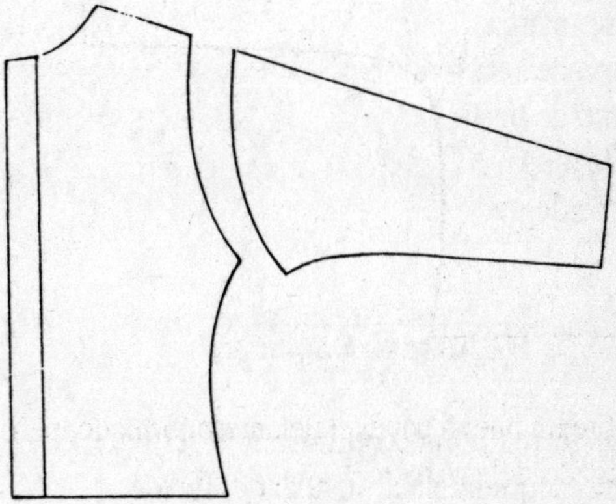

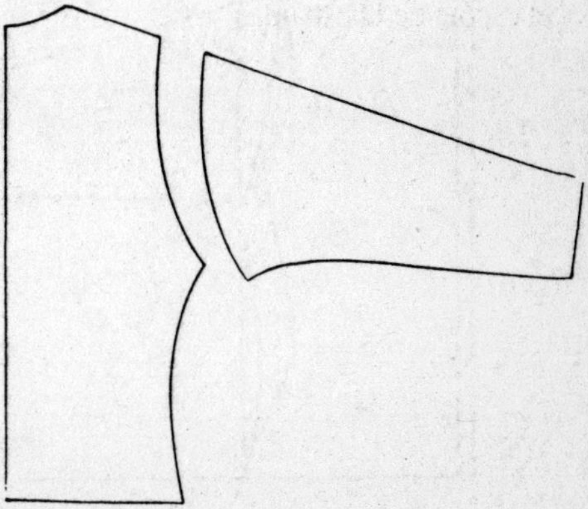

BLUSA DE CORTE AMERICANO

Para formar los moldes de delantero y espalda de la blusa de corte americano trabaje con el molde delantero solamente del corpiño base con faldón, sin pinza lateral y con las siguientes medidas:

- largo de manga
- contorno de sisa
- contorno de busto
- largo de blusa
- contorno de puño

DELANTERO Y MANGA

La manga se forma como continuación del cuerpo y se separa de éste recortándola al finalizar el molde.

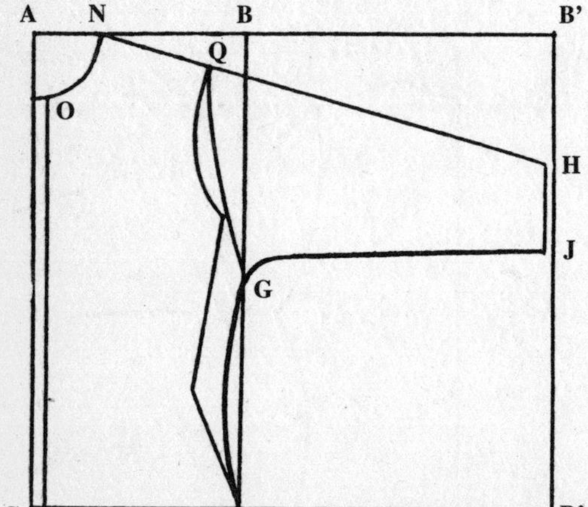

- Dibuje un rectángulo ABCD y dentro de él prepare el molde de delantero de corpiño base con faldón.
- Dibuje otro rectángulo BB'DD' unido al anterior por el lado BD con la medida BB'= largo de manga.
- Prolongue la línea del hombro desde Q hacia la derecha con la medida de largo de manga = QH (si la manga termina con puño tome para QH la medida de largo de manga – ancho de puño).
- Marque el punto G sobre la línea BD tomando desde Q la medida de mitad de sisa + 8 cm.
- Una Q con G mediante línea curva.
- Desde H hacia abajo trace el segmento HJ paralelo a BD con la medida de 1/2 ancho de puño 1 + los centímetros que desee de amplitud.
- Una los puntos J con G y D por medio de una curva como muestra la figura.
- Agregue 3 cm de cruce.

Espalda

- Calque sobre un nuevo papel el delantero formado, pero sin el agregado del cruce.
- Prolongue 5 cm hacia arriba OC = O'.
- Una O' con N por medio de una curva para formar el escote de la espalda.
- Recorte los moldes siguiendo la línea QG, para separar las mangas. (Esta manga lleva costura en el bajo brazo y se corta con tela doble.)

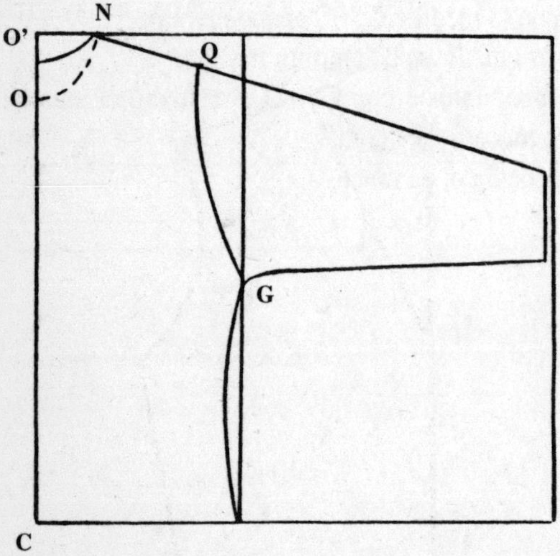

LECCIÓN Nº 15

CHAQUETA BASE

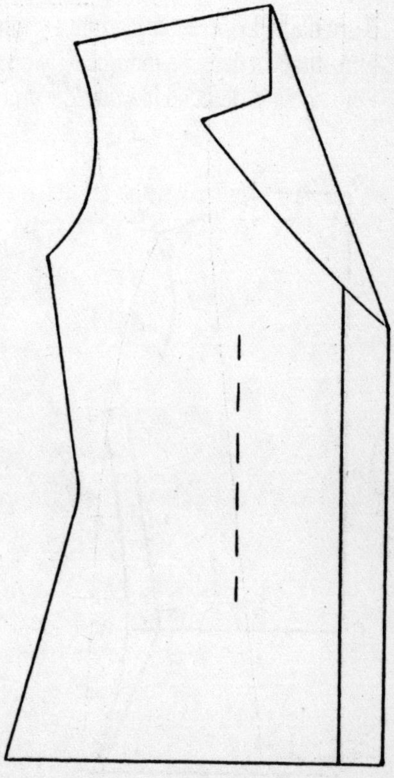

CHAQUETA BASE

- Prepare el corpiño base con faldón delantero y espalda; sin pinza lateral y sin escote en el delantero.
- Realice las siguientes transformaciones:

DELANTERO

- Desde I', 3 cm hacia la derecha marque I y una I con I'.
- Desde R, 4 cm hacia la derecha marque R' y una I con R'.
- Desde E, 1 cm hacia la derecha marque Z y una R' con Z.

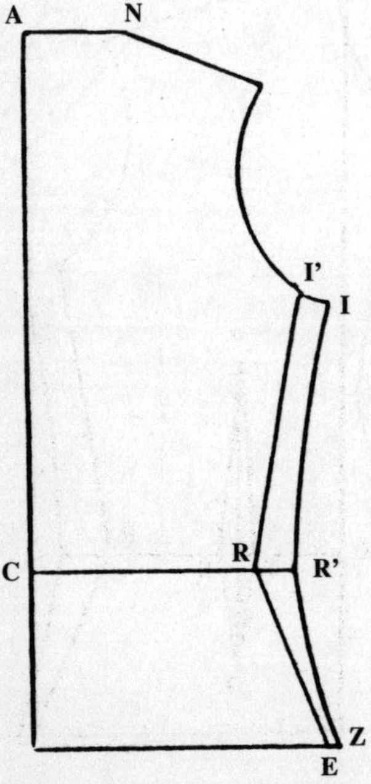

Pinza de entalle

- Desde C hacia la derecha marque M con la medida de 1/2 separación de busto.
- Por M trace PQ perpendicular a CR de 25 cm de largo, medidos de la siguiente forma: 15 cm para el corpiño y 10 cm para el faldón.
- 1 cm hacia la derecha de M marque S y 1 cm hacia la izquierda marque T.
- Trace SPT y SQT.

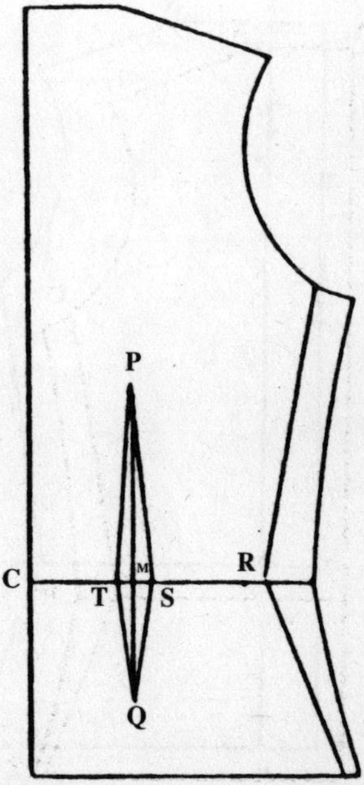

Cruce

Debe dar para cruce: a) 5 cm en chaqueta derecha.
b) 10 cm en chaqueta cruzada.

- Proceda de la siguiente manera: desde A, 5 cm (10 cm) hacia la izquierda prolongue AN y marque A'.
- Desde B, 5 cm hacia la izquierda prolongue la línea de ruedo y marque B'.
- Trace la línea A'B'.
- Recorte hombro, sisa, costado, ruedo, línea de cruce B'A' y línea A'N.

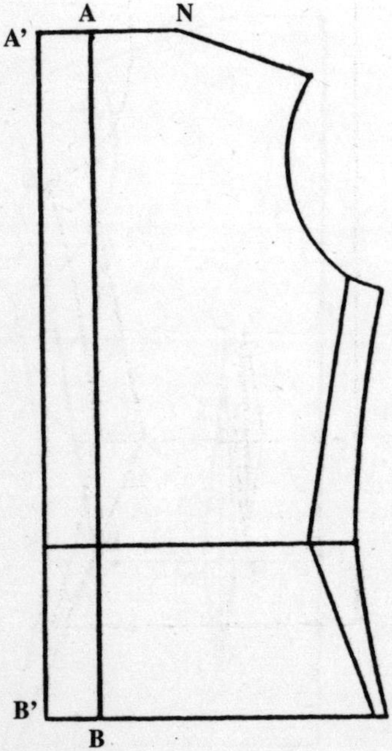

ESPALDA

- ♦ Utilice la espalda del corpiño base con faldón.
- ♦ Amplíe el costado de igual forma que el delantero y forme la pinza de entalle.

La espalda puede llevar en lugar de pinzas una costura en el centro o puede ser simplemente lisa.

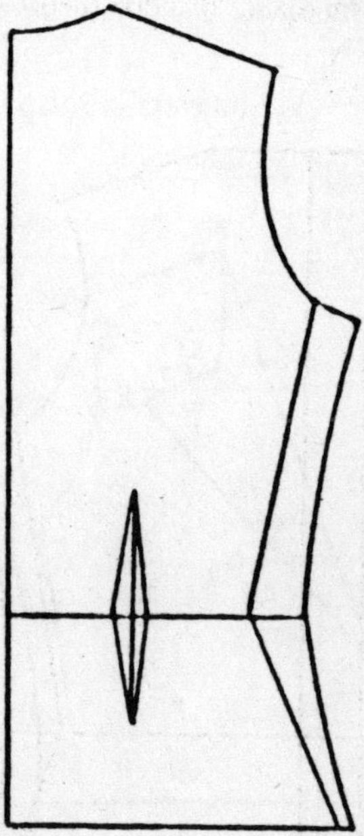

- Trace una línea desde N, base lateral del cuello, hasta V = primer ojal.
- Doble el papel por la línea NV que marca el doblez de la solapa.
- Desde N, 9 cm hacia abajo sobre la línea de doblez marque N'.
- Por N' trace la perpendicular a NV = N'X.
- Desde N', 3 cm hacia la derecha marque X'.
- Una XX' y N mediante una curva suave.

El recorrido de XVN muestra la solapa. Ésta puede tener terminación en punta o redondeada.

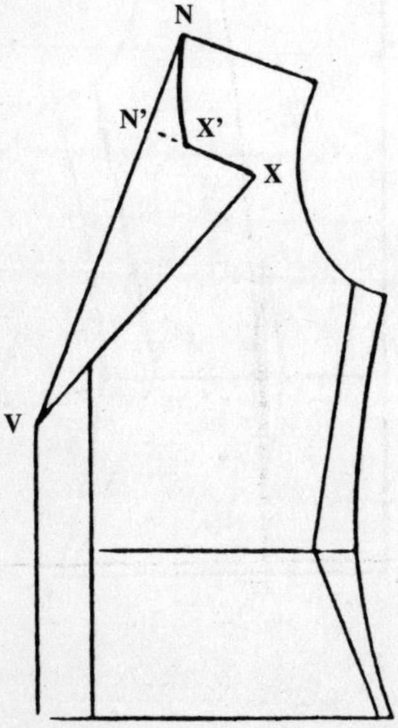

- Sobre un nuevo papel apoye el molde del delantero del corpiño base con faldón y calque sobre él la forma dada por: 10 cm de línea de ruedo (B"B'), línea vertical del cruce, contorno de cuello y 2 cm de línea de hombro.
- Retire el molde, trace la línea B"U y recorte.

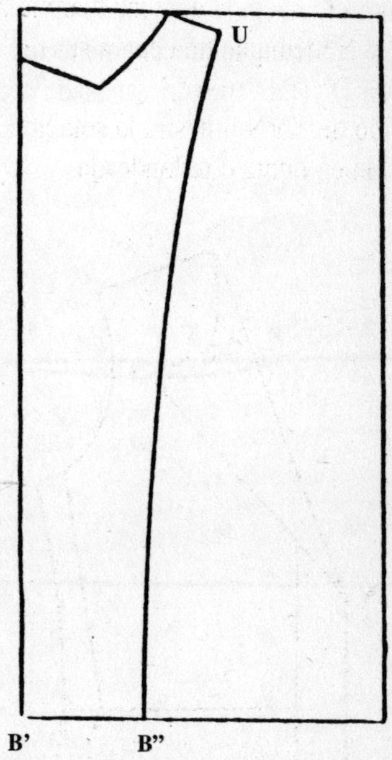

CUELLO

- Forme el rectángulo ABCD con las siguientes medidas: AB = X'N + 1/2 contorno de cuello espalda y BD = XX' (BD puede variar de acuerdo al modelo).
- Marque N 1 cm hacia arriba de A.
- Marque R hacia la derecha de A con la medida de 1/2 contorno de cuello de espalda.
- Una N con R y con B por medio de curvas, como muestra la figura.
- Desde D, 5 cm hacia la derecha marque D'.
- Una B con D' (DD' puede variar de acuerdo al modelo).

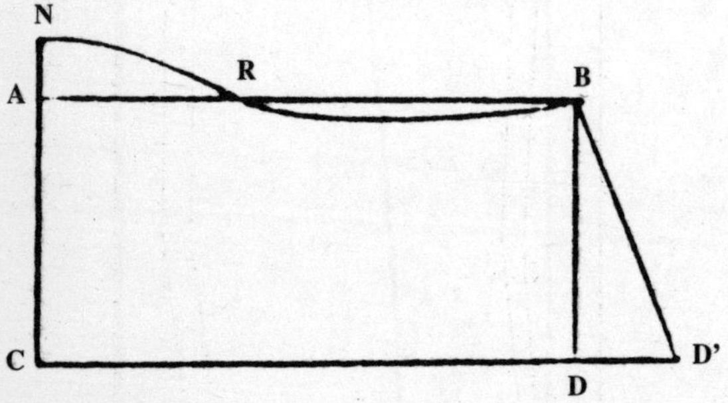

LECCIÓN Nº 16

MANGA SASTRE

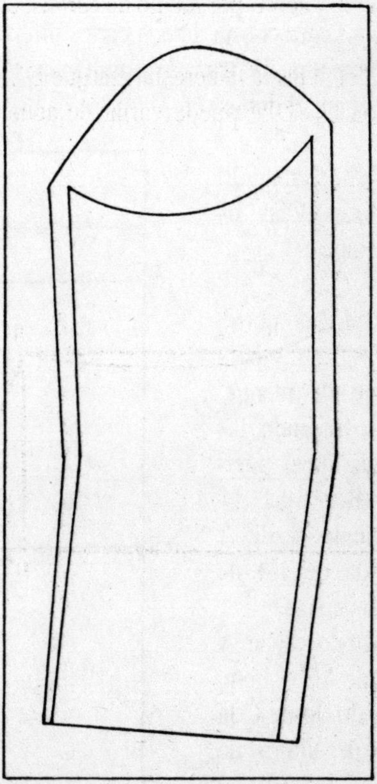

MANGA SASTRE

Para realizar el molde de manga sastre utilice las siguientes medidas:

- largo de manga
- contorno de sisa
- altura de codo

La manga sastre consta de dos partes diferentes, sobremanga y bajomanga, de trazado simultáneo. Por esa razón debe poner el papel doble.

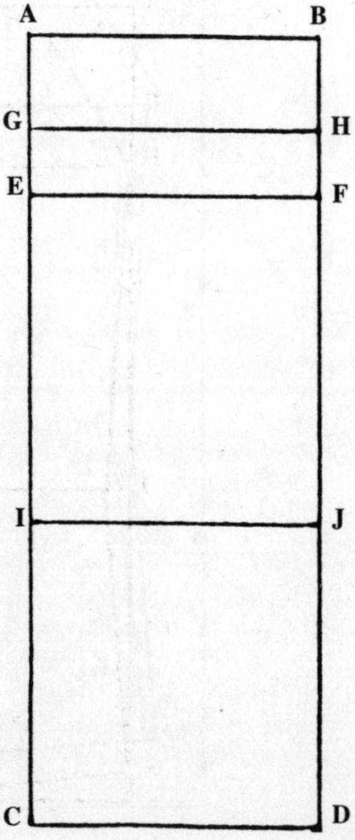

Forme el rectángulo ABCD utilizando las siguientes medidas:

- ♦ Para AB 1/2 contorno de sisa + 3 cm y para BD largo de manga.
- ♦ Divídalo trazando las siguientes líneas paralelas a AB:
- ♦ EF tomando desde A la medida de 1/4 de contorno de sisa.
- ♦ GH tomando desde A la mitad de AE + 1 cm.
- ♦ IJ tomando desde C la medida de altura de codo.

SOBREMANGA

- Marque el punto medio de AB = A'.
- Desde A' hacia la derecha marque 1/3 de A'B = punto B'.
- Una E, A', B' y H por medio de una curva.
- Desde I, 2,5 cm hacia la derecha marque L.
- Desde C, 3 cm hacia arriba marque Z.
- Una E con L y L con Z.
- Desde D, 5 cm hacia la izquierda marque Ñ.
- Una J con Ñ y Ñ con Z.

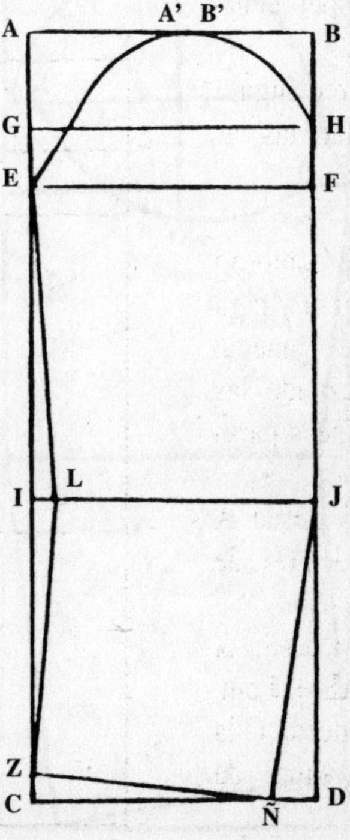

BAJOMANGA

- Desde E, 2,5 cm hacia la derecha marque K.
- Desde H, 2,5 cm hacia la izquierda marque K'.
- Trace A'O perpendicular a AB con la medida de AE + 3 cm.
- Una K,O y K' por medio de una curva.

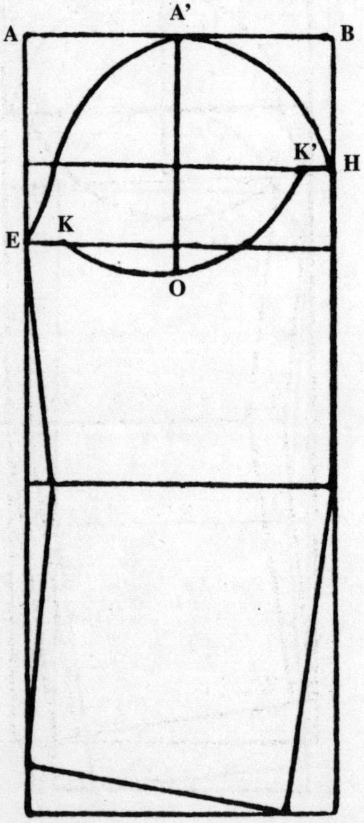

- Desde L, 2,5 cm hacia la derecha marque M.
- Desde Z, 1 cm hacia la derecha sobre ZÑ marque Z'.
- Una K con M y M con Z'.
- Desde J, 2,5 cm hacia la izquierda marque N.
- Desde Ñ, 2,5 cm hacia la izquierda sobre ZÑ marque P.
- Una K' con N y N con P.

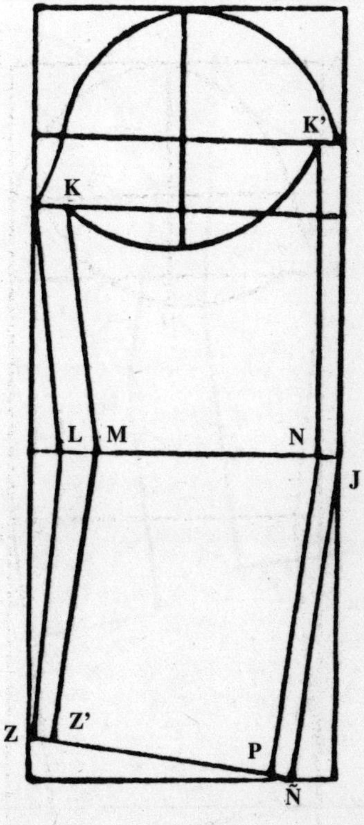

- Recorte el papel doble, siguiendo las líneas exteriores, deje la parte sin marcas como molde de la sobremanga (fig. 1).
- Vuelva a recortar la parte superior del papel por las líneas interiores correspondientes al bajomanga (fig.2).

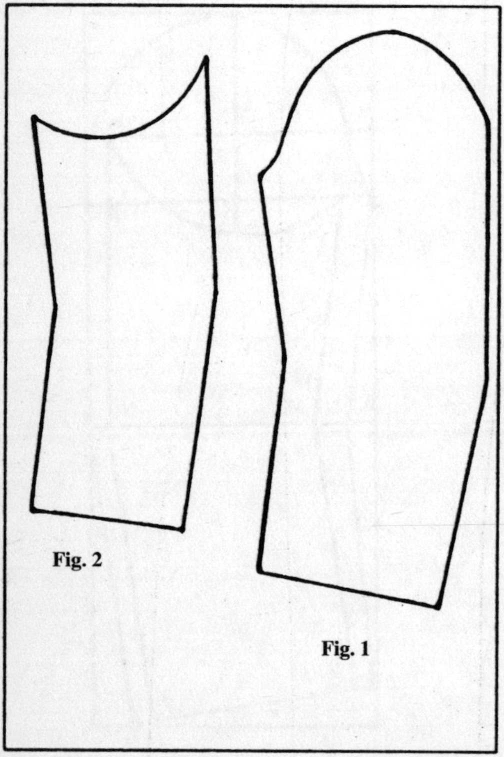

Fig. 2

Fig. 1

LECCIÓN Nº 17

PANTALÓN BASE

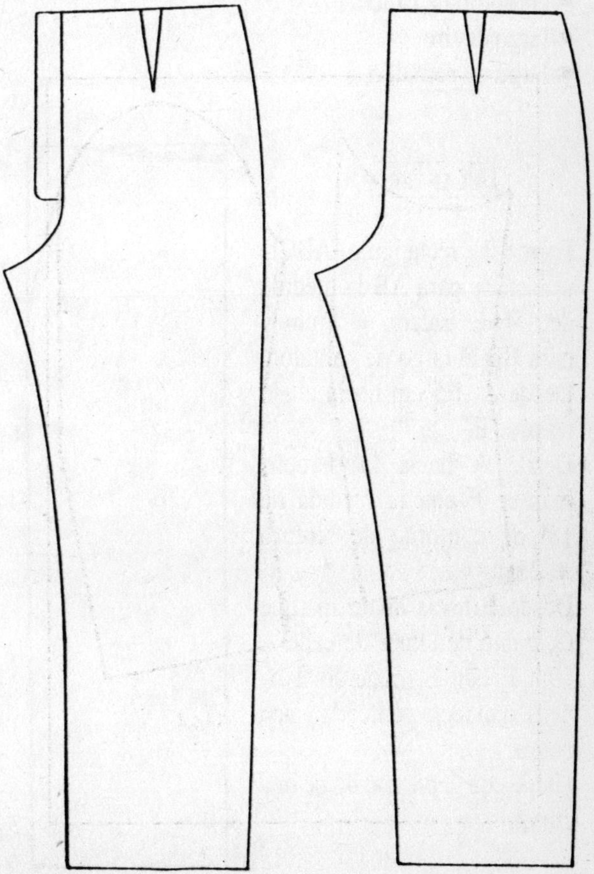

Para realizar el molde de pantalón base utilice las siguientes medidas:

- contorno de cintura
- contorno de cadera
- largo de tiro
- largo de pantalón

Delantero

- ♦ Forme el rectángulo ABCD utilizando para AB la medida de 1/4 de cadera + 1 cm y para BD el largo de pantalón.
- ♦ Desde A, 1,5 cm hacia abajo marque E.
- ♦ Desde A hacia la derecha marque F con la medida de 1/4 de contorno de cintura + 2 cm.
- ♦ Desde B hacia abajo marque G, punto de altura de cadera.
- ♦ Una E con F trazando 2 líneas, una recta punteada y una curva.
- ♦ Una F con G por medio de una curva.

PINZA

- Marque el centro de EF sobre la línea punteada = V.
- Trace VV' perpendicular a E F, largo = 10 cm.
- Desde V, 1 cm hacia la izquierda marque X y 1 cm hacia la derecha marque X'.
- Una X con V' y X' con V'.

- Desde E hacia abajo con la medida de mitad de tiro – 4 cm marque el punto H.
- Por H hacia la izquierda trace el segmento HI perpendicular a EC de largo igual a 1/3 mitad de tiro – 4 cm.
- Desde H hacia arriba marque J con la medida HI.
- Una I con J por medio de línea curva.

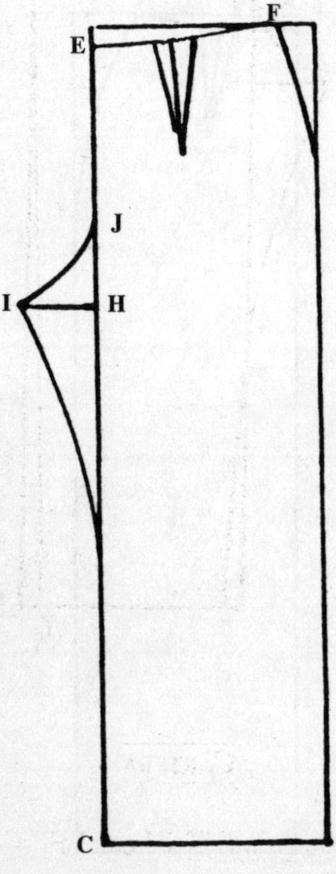

- Marque K 3 cm hacia la derecha de C.
- Marque L 3 cm hacia la izquierda de D.
- Una I con K y G con L como se indica en la figura.

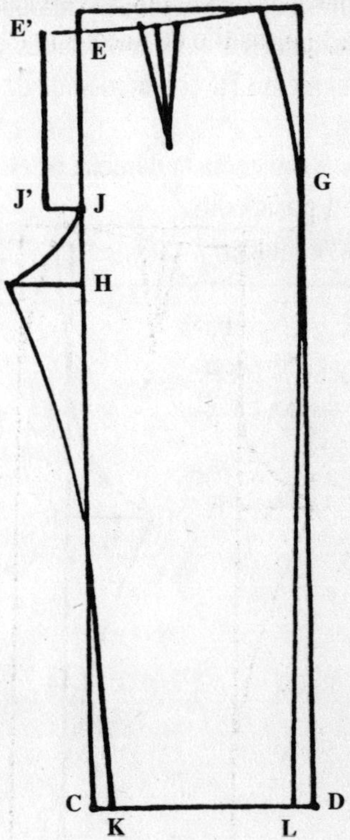

CARTERA

- Forme el rectángulo E E' J'J con EE' = 4 cm.

ESPALDA

- Forme el rectángulo ABCD con iguales medidas que para el delantero.
- Tome la altura de tiro desde A y marque H.
- Ubique los puntos F y G como antes y trace la pinza.
- Trace el segmento HI con la medida de 1/3 de mitad de tiro – 2 cm.
- Marque A' 1 cm hacia la derecha de A.
- Una I con J por medio de una curva y luego J con A'.
- Marque K y L y únalos con I y G respectivamente, como en el delantero.

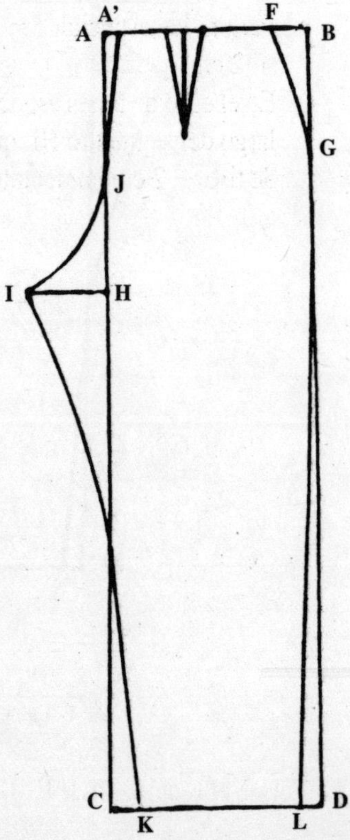

Trabajando como se indica, usted obtiene el trazado de una pieza delantera y una trasera.

Nota: En el molde de pantalón debe variar la medida de altura de tiro, o sea EH en el delantero y AH en la espalda, teniendo en cuenta el talle de que se trate.

- Para talles normales = 1/2 tiro – 4, – 3 o hasta – 1 cm de acuerdo a la flojedad de tiro que prefiera y al modelo.
- Para talles especiales = 1/2 tiro justo, + 1 o hasta + 2 cm.
  En el caso de talles especiales debe variar además el largo del segmento HI, que debe medir 1/3 de mitad de tiro + 2 cm en delantero y espalda.

LECCIÓN Nº 18

FALDA PANTALÓN BASE

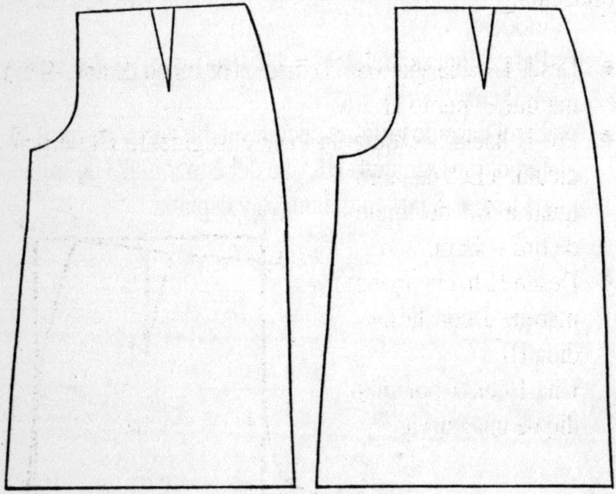

DELANTERO

- Prepare el delantero de falda base como enseñamos en la lección Nº 3.

Realice las transformaciones que le indicaremos a continuación.

- Desde E hacia abajo con la medida de mitad de tiro – 4 cm marque el punto H.
- Por H hacia la izquierda trace el segmento HI perpendicular a EC, de largo igual a 1/3 de mitad de tiro – 4 cm.
- Desde H hacia arriba marque J con la medida HI.

  Una I con J por medio de una curva.

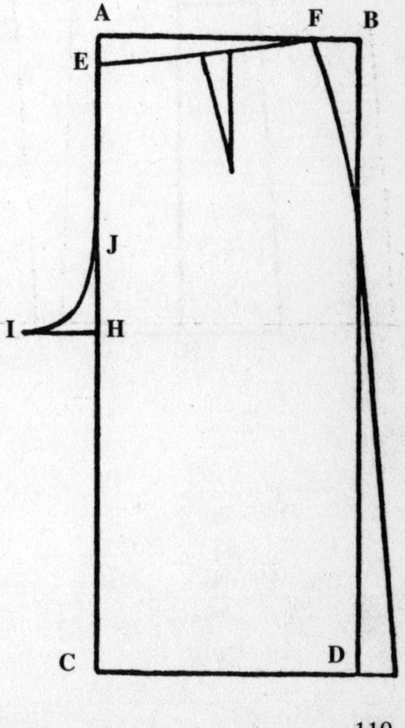

- Prolongue la línea CD hacia la izquierda tomando la medida de HI + 2 cm y marque el punto C'.
- Una C' con I.

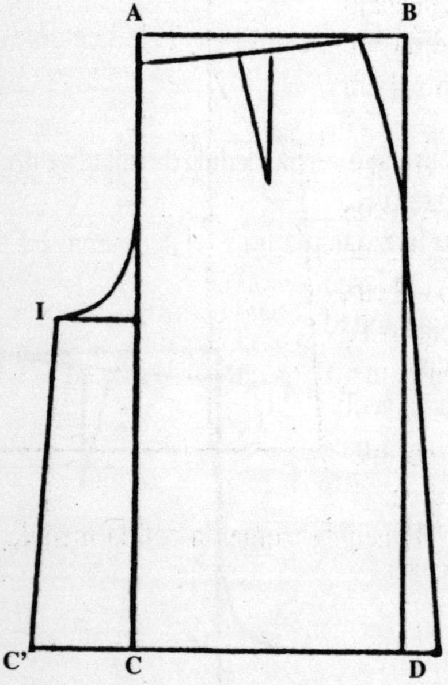

Espalda

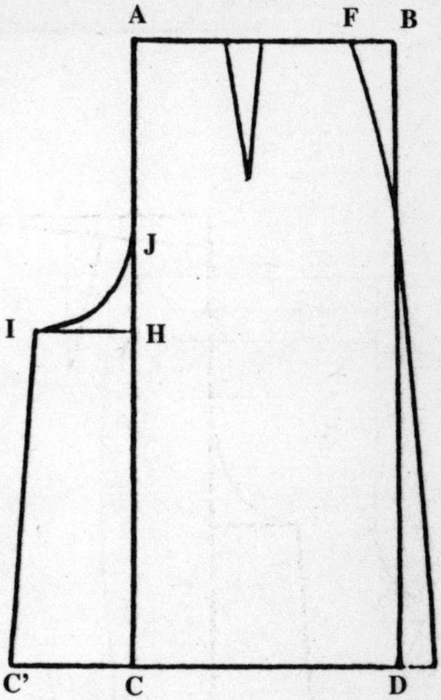

- Forme la espalda de falda base utilizando como línea de cintura AF.
- Desde A hacia abajo con la medida de mitad de tiro – 4 cm marque H.
- Por H trace HI perpendicular a AC, con la medida de 1/3 de mitad de tiro – 2 cm.
- Desde H hacia arriba marque J con la medida de IH.
- Una I con J por medio de una curva.
- Prolongue CD hacia la izquierda con la medida de IH + 2 cm = C'.
- Una C' con I.

Nota: Al igual que en el molde de pantalón base puede variar para talles normales la medida de altura de tiro, según prefiera y de acuerdo al modelo. Para talles especiales debe variar altura de tiro y pico de entrepiernas (ver nota pantalón base, lección Nº 17).

LECCIÓN Nº 19

PANTALÓN DEPORTIVO

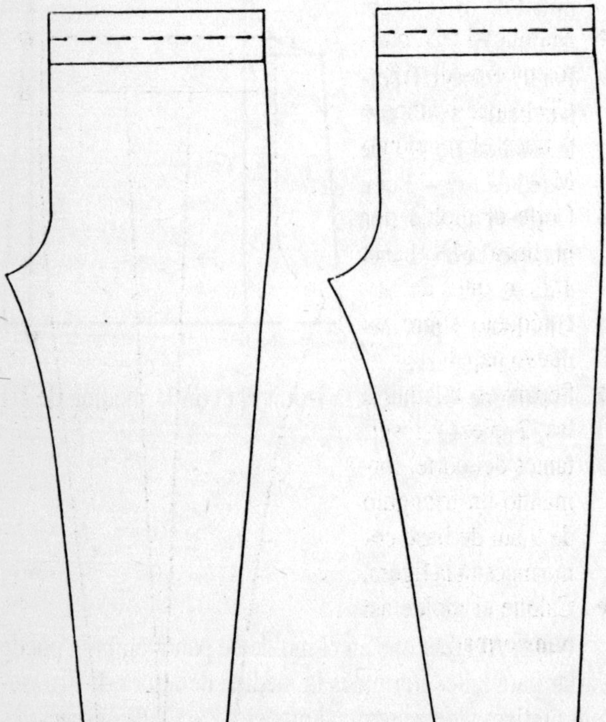

Modelo I: de bajo angosto y cintura con jareta elastizada.

Realice el molde base de pantalón sin dar forma a la cadera y con bajo angosto.

DELANTERO (transformación)

- Marque M y N, puntos medios de AB y CD respectivamente y trace el segmento MN.
- Corte el molde por la línea MN hasta 1/2 cm antes de N y colóquelo sobre un nuevo papel.
- Separe en la cintura las 2 piezas resultantes del corte, formando un triángulo de 9 cm de base como muestra la figura.
- Calque el molde así transformado.

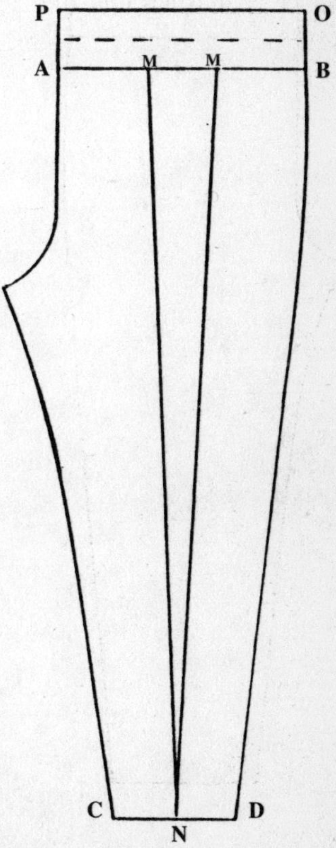

La amplitud dada al delantero le permitirá fruncir el pantalón en la cintura.

♦ Dibuje el rectángulo ABOP de 7 cm de alto que formará la jareta del pantalón por donde pasará un elástico.

Espalda

Realice las mismas transformaciones que en el delantero.

LECCIÓN Nº 20

PANTALÓN DEPORTIVO

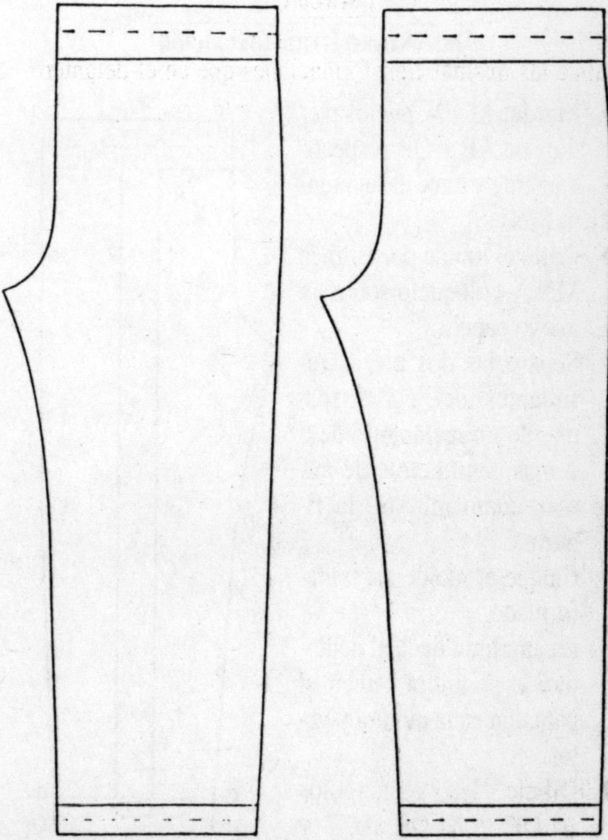

Modelo II: de bajos anchos fruncidos y cintura con jareta elastizada.

Realice el molde base de pantalón sin dar forma a la cadera y con bajos anchos.

DELANTERO (transformación)

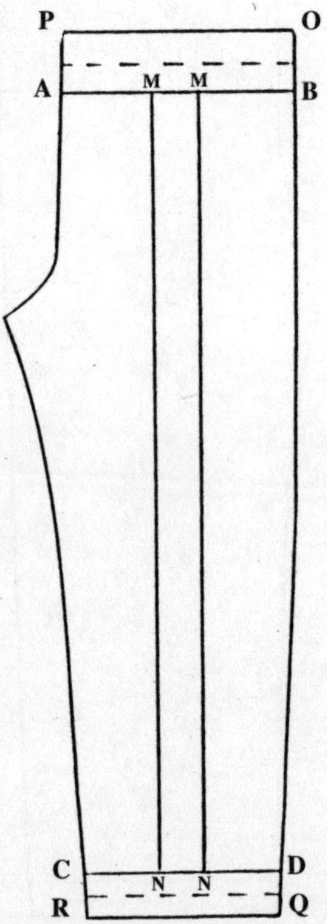

- Marque M y N, puntos medios de AB y QR respectivamente y trace el segmento MN.
- Corte el molde por la línea MN, y colóquelo sobre un nuevo papel.
- Separe las dos piezas resultantes del corte, formando un rectángulo de 6 o más centímetros de ancho, como muestra la figura.
- Calque el molde así transformado.

  La amplitud dada al delantero le permitirá fruncir el pantalón en la cintura y bajos.
- Dibuje los rectángulos ABOP y KLQR de 7 y

4 cm de alto respectivamente, que formarán las jaretas del pantalón en la cintura y en los bajos para fruncirlo por medio de elástico.

Espalda

Realice las mismas transformaciones que en el delantero.

LECCIÓN Nº 21

PANTALÓN CON PLIEGUES

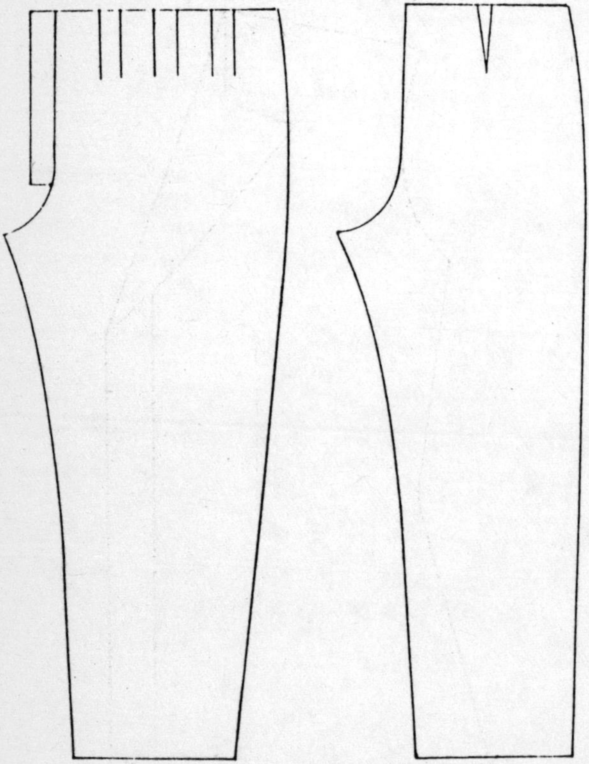

Realice el molde de pantalón base.

DELANTERO (transformación)

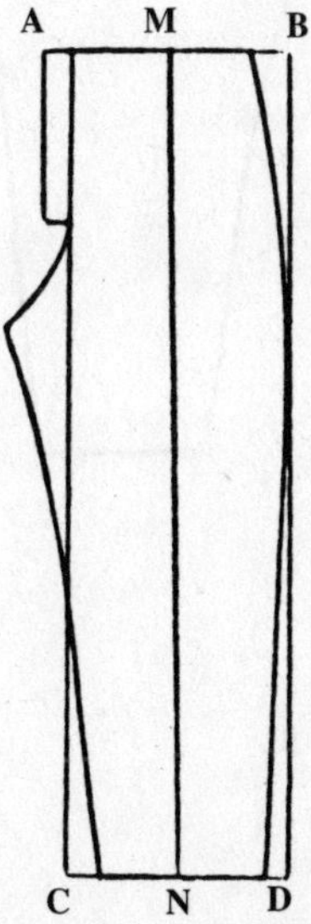

♦ Marque M y N, puntos medios de AB y CD respectivamente y trace el segmento MN.

♦ Corte el molde por la línea MN hasta 0,5 cm antes del punto N y colóquelo sobre un nuevo papel.

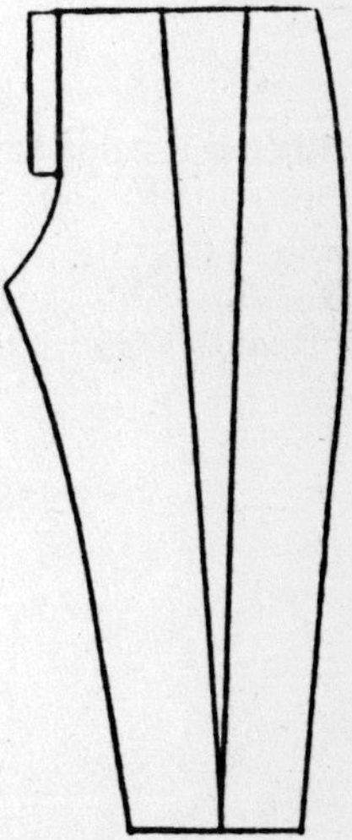

♦ Separe en la cintura las dos piezas resultantes del corte, formando un triángulo de 8 cm de base como muestra la figura.

♦ Calque el molde así transformado.

La amplitud dada al delantero le permitirá formar pliegues.

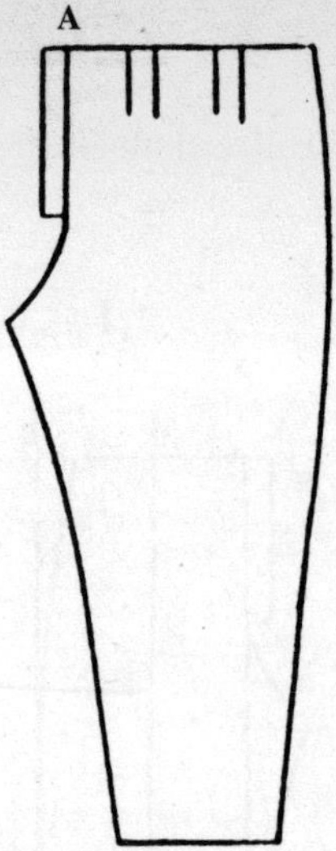

- ♦ Marque dos pliegues en cada delantero de 2 cm de profundidad cada uno; el primero a 6 cm de A y el segundo a 15 cm de A.

ESPALDA

Utilice la espalda base sin transformación.

PROCEDIMIENTOS
DE COSTURA Y CONFECCIÓN

LECCIÓN Nº 22

PUNTOS Y COSTURAS

PUNTO HILVÁN

Se utiliza para unir dos tejidos o dos piezas de forma provisional, hasta coser a máquina.

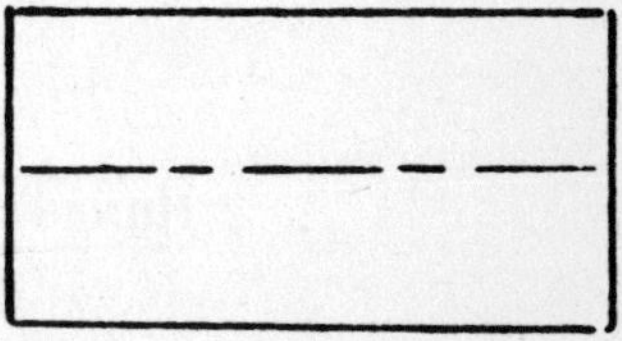

- Alterne una puntada larga con una corta, y trabaje de derecha a izquierda.

PUNTO FLOJO (o hilván de marca)

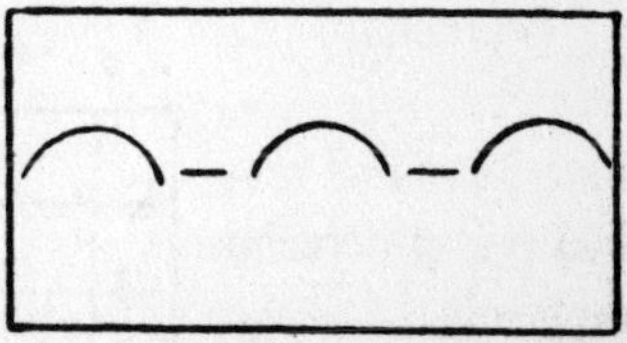

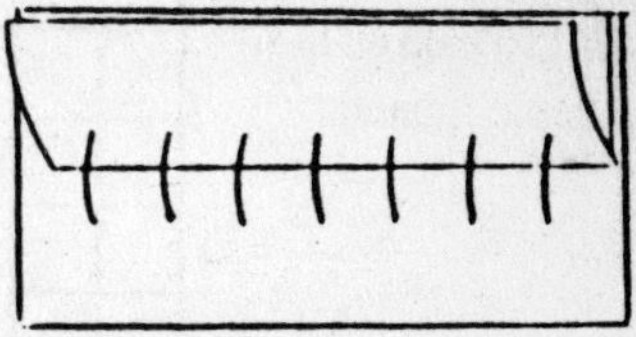

- Realice el punto flojo con puntadas de hilván, haciendo que la puntada larga quede muy floja formando un anillo.
- Separe las dos telas y corte por el centro de las mismas.

Se utiliza para marcar en la tela los contornos y líneas de un molde, quedando así iguales las dos partes, por ejemplo delantero derecho e izquierdo, tablas, pinzas, etcétera, también para las correcciones que se hacen en la prueba, ya que éstas se marcan sólo de un lado. Por eso se transportan al otro lado por medio del hilván de marca.

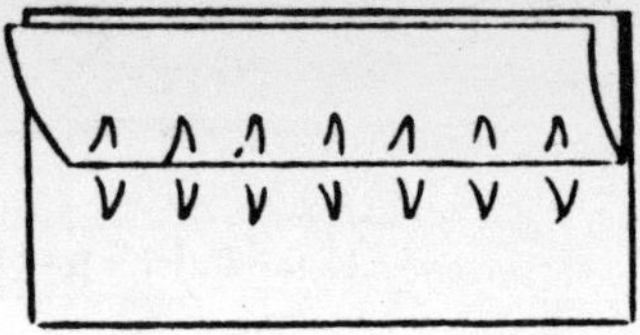

- ♦ Trabaje con un hilo que contraste con el tono de la tela.

HILVÁN DE UNIÓN

Se utiliza en los siguientes casos:

a) para enfrentar cuadros y rayas en costuras,
b) para enfrentar costuras al armar una prenda (previamente marcadas con punto flojo),
c) para pasar correcciones realizadas en la prenda durante la prueba.

Este hilván se realiza por el derecho de la tela.

Proceda de la siguiente manera:

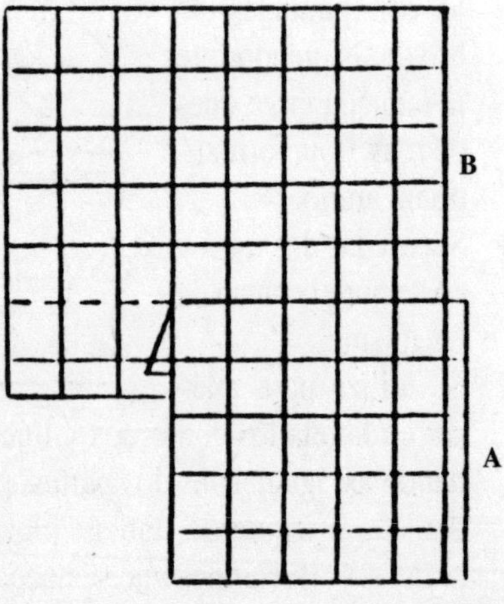

- Tome las dos piezas que va a unir = A y B.
- Doble A por la línea de costura hacia adentro y coloque el borde sobre la línea de costura de B haciéndola coincidir con exactitud.
- Vaya colocando alfileres a lo largo de la costura y luego realice el hilván de unión.
- Trabaje de derecha a izquierda.
- Inserte la aguja de abajo hacia arriba por el punto 1 y sáquela atravesando las tres capas de tela.
- Inserte la aguja desde arriba por el punto 2, inclínela hacia arriba a la izquierda y hágala aparecer por el punto 3 tomando también las tres capas de tela.
- Repita el procedimiento a lo largo de toda la costura.

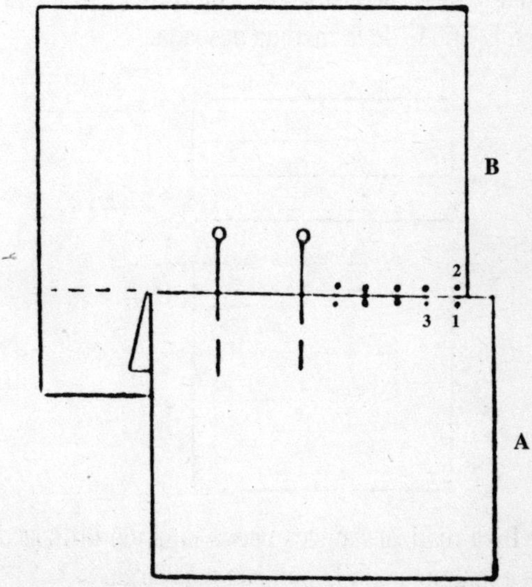

Bastilla (simple)

- Trabaje de derecha a izquierda.
- Inserte la aguja hacia abajo y hacia arriba de la tela varias veces por la línea de costura, sáquela y repita el procedimiento.

Para fruncir una tela debe pasar dos bastillas a una distancia de 4 mm una de otra, haciendo que coincidan las puntadas de arriba con las de abajo y proceda de la siguiente manera:

- Anude los hilos de las dos bastillas en uno de los extremos. En el otro sosténgalos juntos, corra la tela hacia el punto A para que comience a aparecer el frunce y repártalo a lo largo de las bastillas en forma pareja, hasta que la tela quede de la medida deseada.

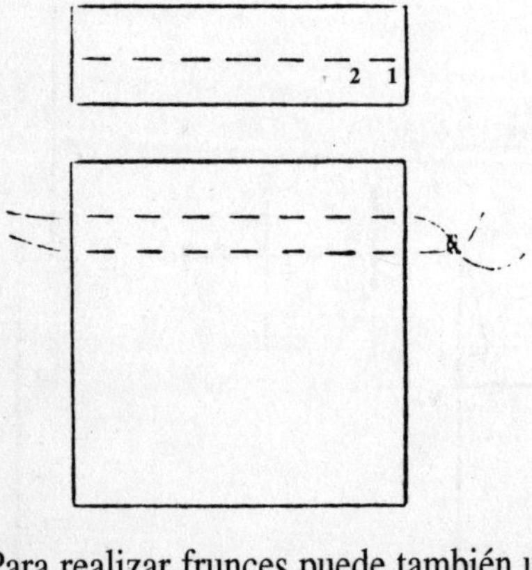

Nota: Para realizar frunces puede también utilizar dos pespuntes a máquina con la puntada más larga.

Pespunte a mano y punto atrás

Visto por el derecho este punto imita al pespunte de máquina y además lo puede sustituir.

Se utiliza para unir dos telas y se trabaja de derecha a izquierda.

- Inserte la aguja por el punto Nº 2 de abajo hacia arriba, luego por el punto Nº 1 hacia abajo y sáquela por el Nº 3, y así sucesivamente.
- Utilice hilo al tono de la tela.

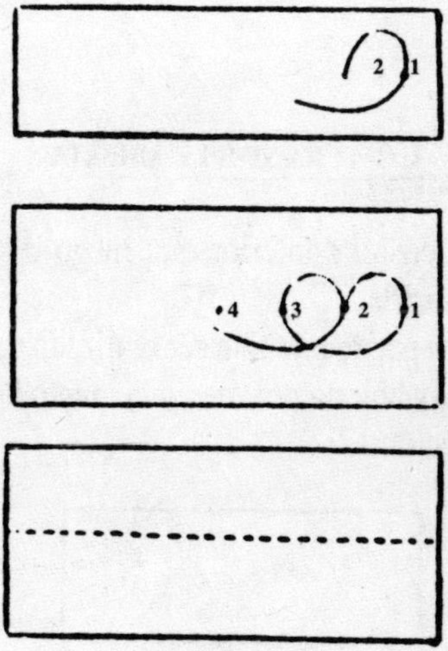

Costura simple

- Coloque las dos piezas que se van a unir, con el revés hacia afuera, cuidando que los bordes coincidan.
- Hilvane y luego cosa a máquina.

Costura simple abierta

Se trata de la costura anterior que luego de realizada se plancha para abrirla.

Esta costura puede también ser realizada a mano de forma provisional y abierta por medio de punto hilván a fin de probar una prenda.

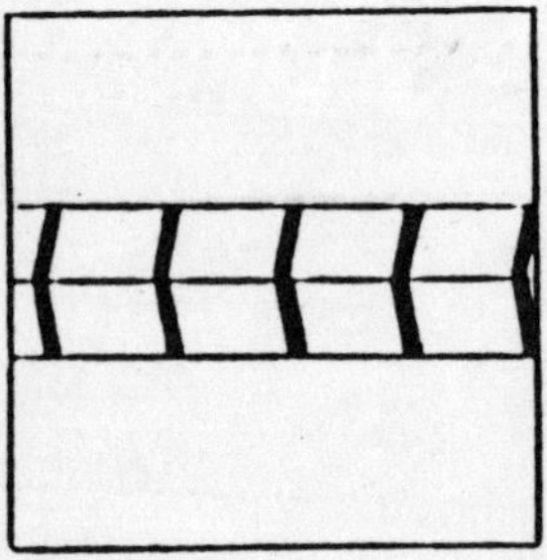

Sobrehilado

Es la terminación que se debe dar a las costuras.

a) A mano: trabaje de izquierda a derecha, con hilo al tono en el orillo de la tela, con puntadas cortas e inclinadas.
b) A máquina: se sobrehíla con un punto de zigzag.

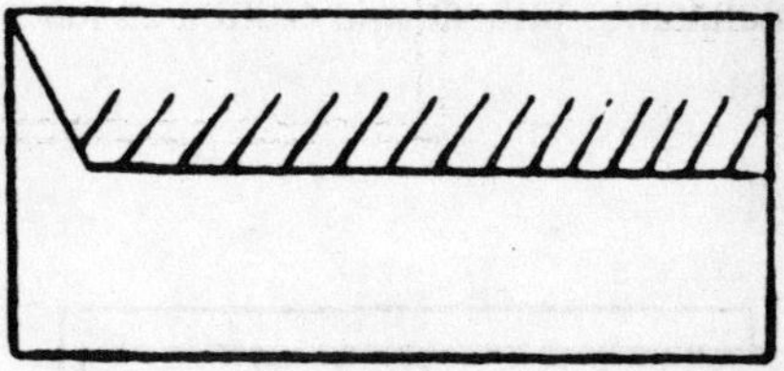

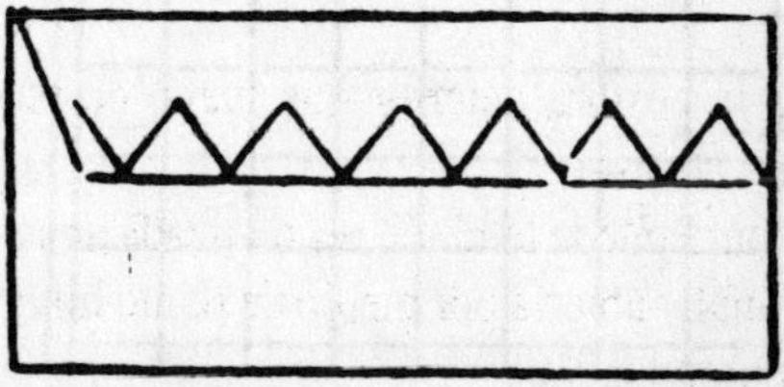

COSTURA FRANCESA

- Coloque las dos piezas a unir revés con revés.
- Pase una costura a máquina por el derecho a 0,5 cm del borde.
- Dé vuelta por la línea de unión de forma que quede encimado derecho con derecho y vuelva a coser a 1 cm del borde.

Recomendamos utilizar esta costura en lencería, camisas, etcétera.

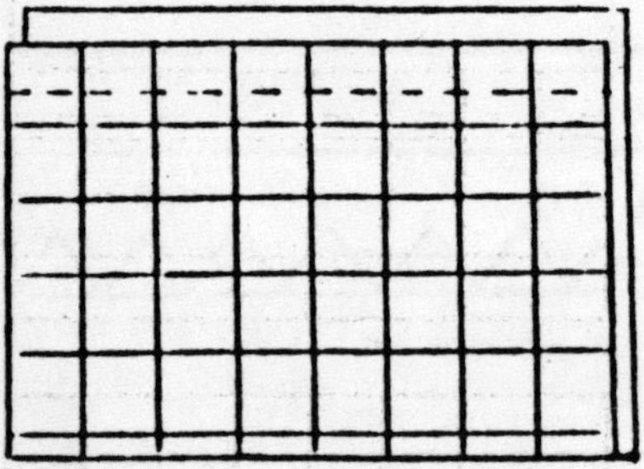

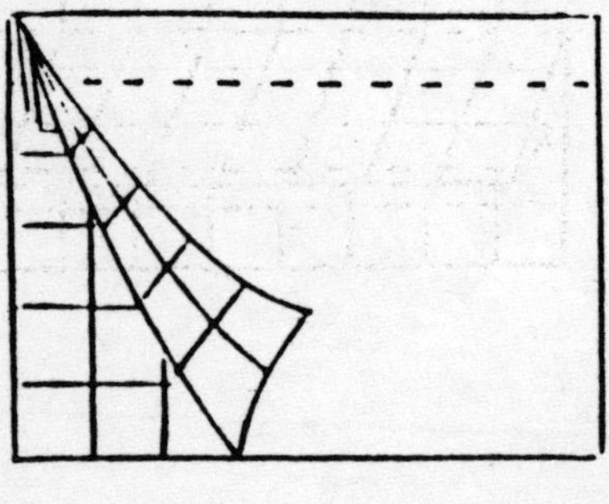

Costura doble faz

- Coloque las dos telas revés con revés. Deje las orillas separadas una de la otra 1,5 cm.
- Cosa a máquina, abra y separe las telas.
- Doble el borde que sobresale y cosa nuevamente fijándolo.

Recomendamos utilizar esta costura en pantalones deportivos, prendas de trabajo, etcétera.

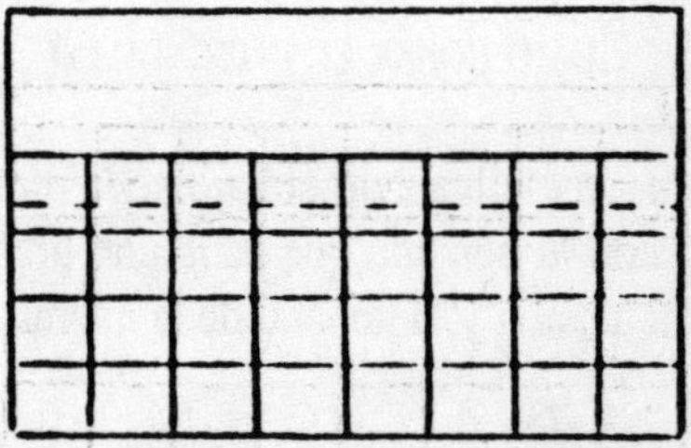

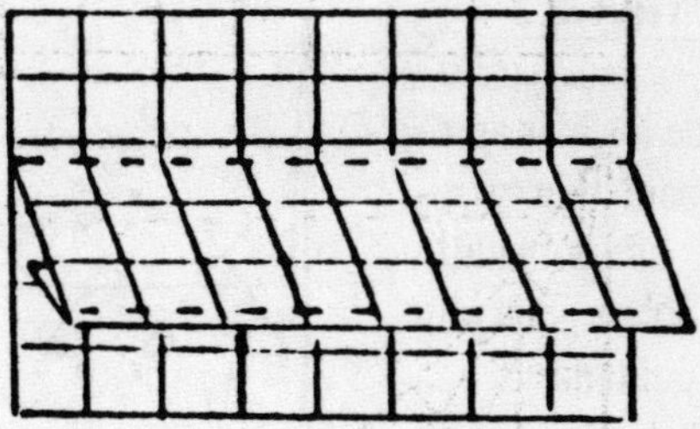

LECCIÓN Nº 23

DOBLADILLO

Al probar una prenda, vestido, falda, etcétera para que tenga un largo uniforme le recomendamos tome la distancia desde el piso hasta el ruedo, utilizando una regla. Estando la persona de pie, en posición normal, marque alrededor del mismo con alfileres o tiza dicha distancia. Luego pase un hilván en el lugar marcado, indicando por dónde se debe doblar la tela para formar el dobladillo.

CÓMO COSER EL DOBLADILLO

Una vez doblado e hilvanado el bajo de la prenda se le da terminación con la puntada que cada uno prefiera, lo importante es la tensión y el tamaño de la misma.

PUNTO CRUZ

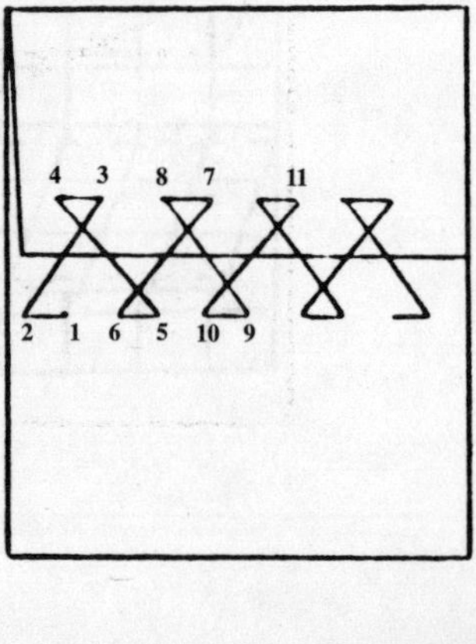

Es uno de los más apropiados para fijar y sobrehilar un dobladillo en una sola operación.

Las puntadas deben estar ubicadas 3 mm hacia arriba y hacia abajo del borde del ruedo.

Trabaje de izquierda a derecha. Inserte la aguja enhebrada en el punto 1, de arriba hacia abajo, sáquela por el segundo, nuevamente inserte la aguja pero ahora en el punto 3 y sáquela por el 4.

Repita el procedimiento a lo largo del dobladillo.

En la parte de la falda tome sólo 2 o 3 hilos de la tela para que la puntada resulte invisible en la parte exterior.

PUNTO ESCONDIDO

Doble la orilla del ruedo 0,5 cm hacia adentro.

Con la aguja enhebrada tome un solo hilo de la falda sobre la orilla, haga correr la punta de la aguja e insértela de abajo hacia arriba por la vuelta de la orilla. Sáquela y repita el procedimiento.

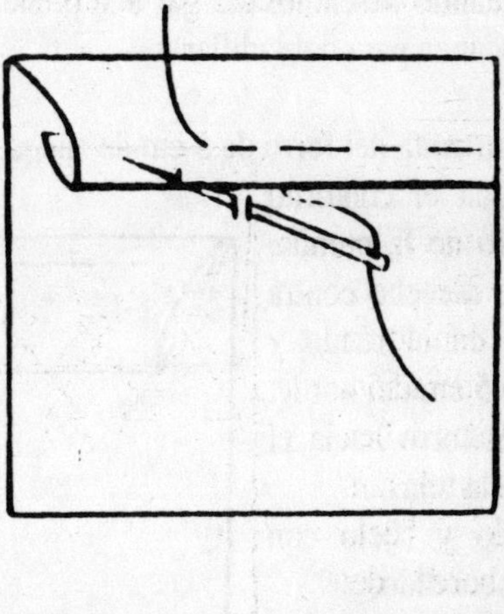

Punto invisible

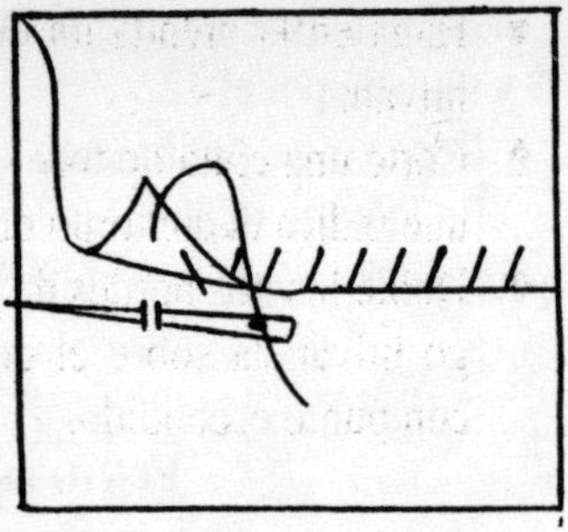

Después de sobrehilar el borde del dobladillo realice el punto invisible para fijarlo.

Se trabaja de derecha a izquierda y los puntos no se deben ver por el derecho de la prenda.

Levante la orilla del ruedo y dé una puntada pequeña, luego tome dos o tres hilos en la falda paralelos al borde y repita el procedimiento a lo largo del mismo.

Dobladillo postizo I

Se utiliza cuando deseamos alargar una prenda, o cuando la tela no alcanza para dobladillar.

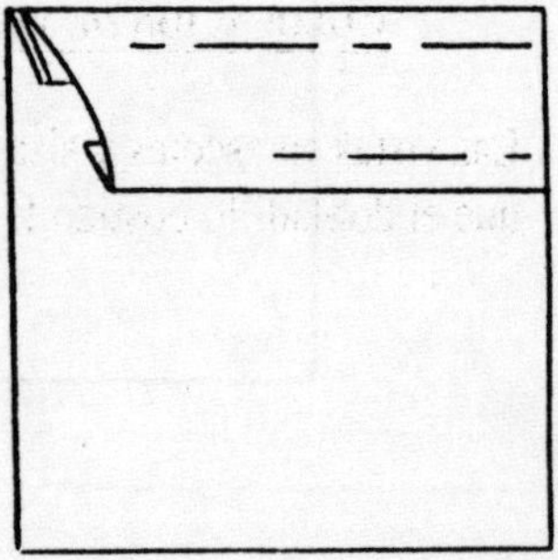

- ♦ Corte una cinta del forro de 5 cm de ancho por el largo que indica el contorno del ruedo de la prenda.
- ♦ Coloque derecho contra derecho en el ruedo y cosa a 0,5 cm del borde.
- ♦ Doble el forro hacia el revés de la tela.
- ♦ Hilvánelo y fíjelo con punto escondido.

Dobladillo postizo II

- Haga en la prenda un dobladillo de 1 cm pasando un hilván.
- Corte una cinta de forro de 5 cm de ancho por el largo que indica el contorno del ruedo de la prenda.
- Doble los dos bordes de la cinta 1 cm y plánchela, luego hilvánela sobre el dobladillo ya realizado y fíjela con punto escondido.

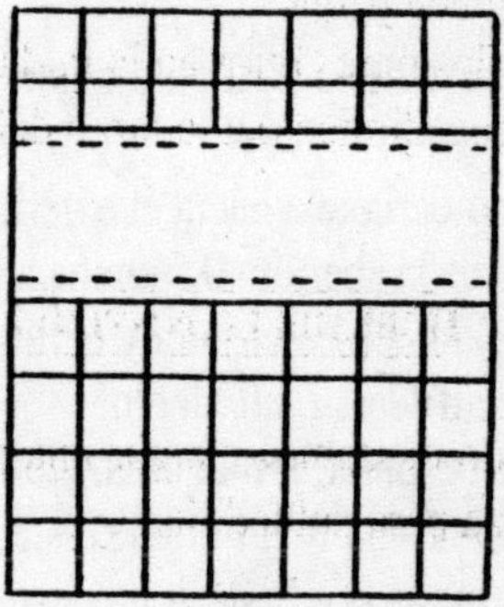

Colocación de vistas en escotes y sisas

Las vistas en escotes y sisas se colocan de la misma forma que el dobladillo postizo I.

LECCIÓN Nº 24

COLOCACIÓN DE CIERRES

COLOCACIÓN DE CIERRE EN COSTURA SIMPLE ABIERTA

- Después de pasada a máquina la costura hasta la abertura destinada al cierre, hilvánele los márgenes y plánchela.

Coloque el cierre de la siguiente manera:

- Con el derecho de la tela hacia el exterior, ubique el cierre por debajo de la abertura 0,5 cm hacia abajo de A, con los dientes en la línea de costura y el tirador hacia arriba.
- Préndalo con alfileres e hilvánelo.
- Fíjelo con un pespunte a máquina. Comience por la izquierda desde A hacia B, a 1 cm de distancia del borde de la abertura, y luego por la derecha desde B hacia arriba.

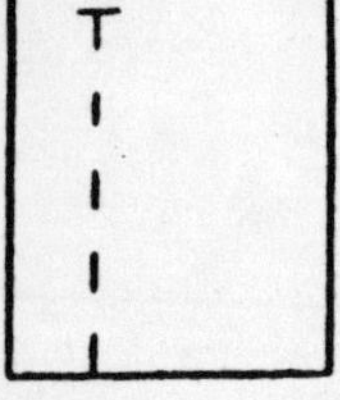

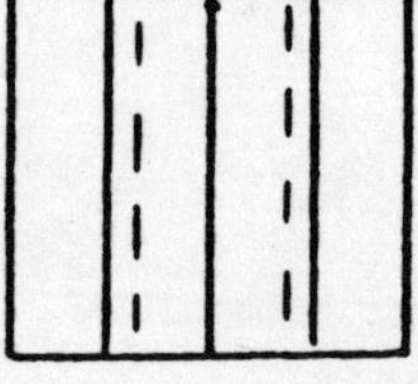

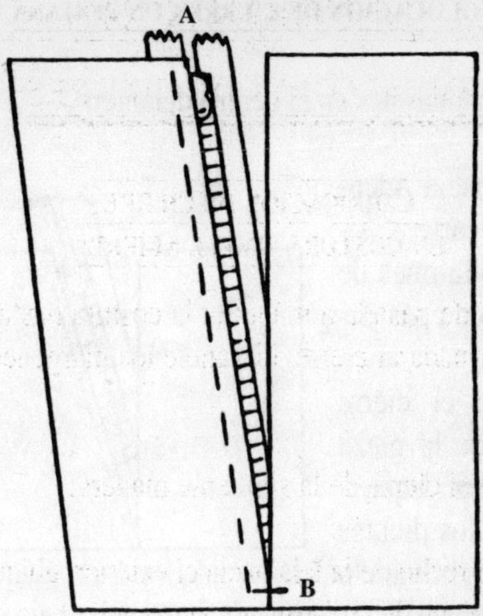

Nota: El pespunte puede ser realizado a mano cuando se trate de una prenda de gran vestir. Le recomendamos que en faldas y vestidos coloque el cierre en el costado izquierdo.

Colocación de cierre con pestaña

Ideal para pantalones en el centro delantero.

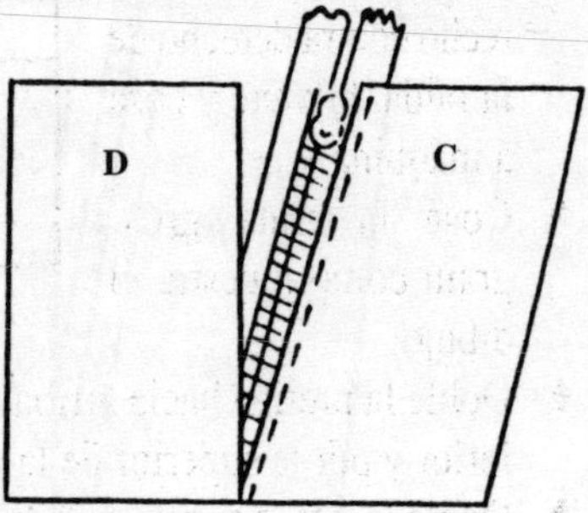

- Doble hacia adentro la cartera siguiendo la línea de costura en cada delantero.
- Coloque el cierre debajo de la pieza C (delantero izquierdo) con los dientes a la vista, hilvánelo y pase un pespunte a máquina.
- Coloque la pieza D (delantero derecho) de manera que cubra completamente los dientes del cierre.
- Pase un pespunte a 2 cm del borde, como muestra el dibujo.

Debajo de la pieza C y detrás del cierre puede colocar una tapeta de 4 cm de ancho para proteger la ropa interior.

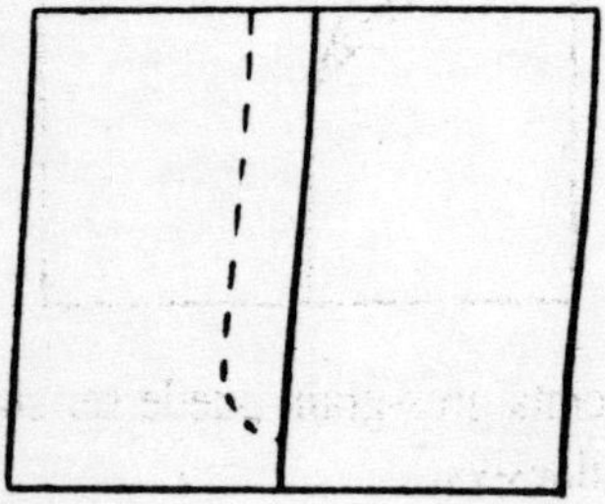

LECCIÓN Nº 25

COLOCACIÓN DE PRETINA

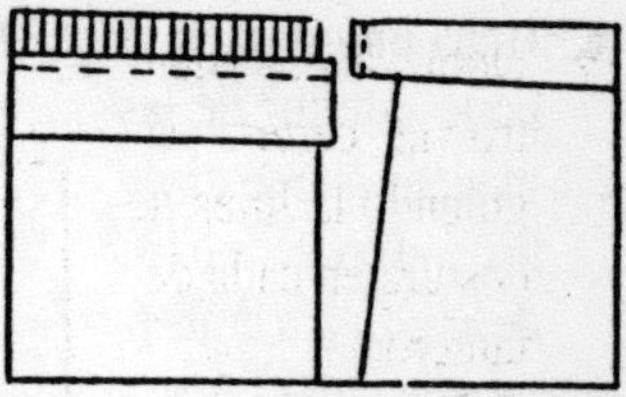

- Coloque la pretina derecho contra derecho de la falda, hilvane y cosa a máquina.
- Cosa la cinta gros-grain como muestra el dibujo.
- Doble la pretina hacia arriba e hilvánela por la parte inferior y por la superior de la cinta.
- Doble la mitad superior de la pretina hacia abajo y cosa a máquina los dos extremos.
- Dé vuelta al derecho los dos extremos.
- Dé vuelta al derecho la pretina y forre.
- Si desea pase un pespunte a máquina.
- Puede cerrar la pretina por medio de botón y ojal o de broches.

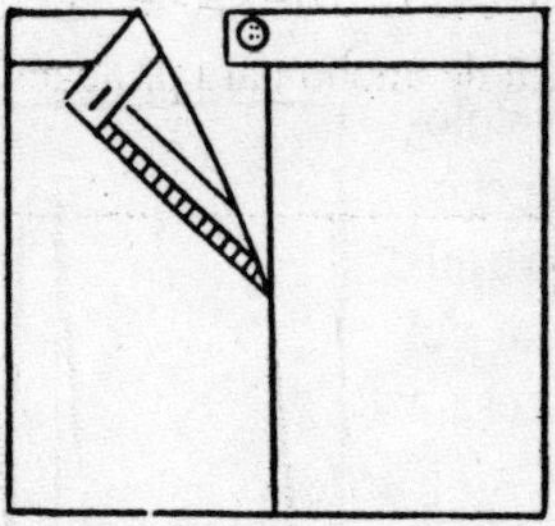

Nota: La cinta gros-grain puede ser sustituida por entretela termoadhesiva.

LECCIÓN Nº 26

MANGA DE CAMISA

♦ Haga un corte en la parte inferior de las mangas que se dirija hacia el codo, de 6 cm de largo, para la abertura de puño.

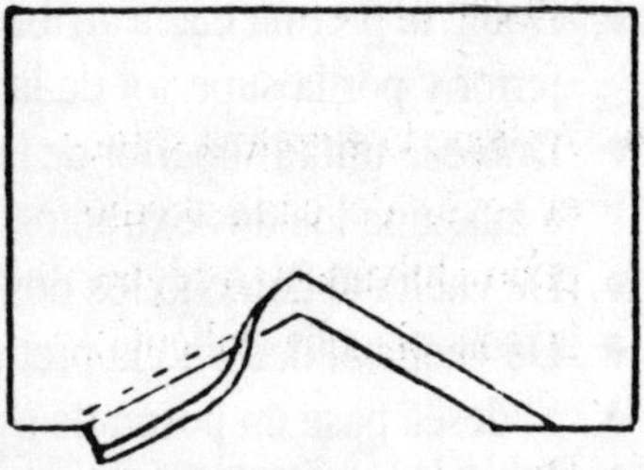

♦ Refuerce la abertura colocándole un vivo de la siguiente forma: corte una tira de tela de 3 o 4 cm de ancho y de largo que mida el doble de la medida de la abertura.

♦ Doble a plancha uno de los bordes de la tira.

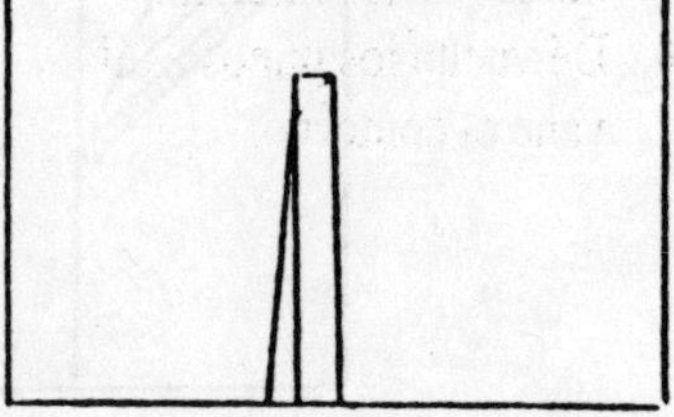

♦ Abra el corte, coloque la tira derecho contra derecho e hilvánela a 2 mm del borde, luego cosa a máquina.

♦ Doble la tira hacia al revés y fije el borde B sobre la costura anterior.

- Haga un pespunte oblicuo por el revés en la parte superior del vivo.

- Cierre las mangas con costura francesa.

- Frunza la parte inferior de las mangas o haga pequeños pliegues hasta llegar a la medida del contorno de muñeca.

- Entretele la mitad de los puños. Para ello utilice entretela blanca (o termoadhesiva).

- Aplique la entretela sobre el revés de cada medio puño e hilvánela (o péguela con plancha caliente).

- Doble los puños derecho contra derecho y pase un pespunte en los extremos. Recorte los ángulos y los bordes de la entretela.

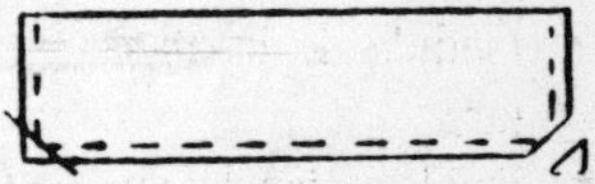

- Dé vuelta los puños e hilvane el contorno.

Colocación del puño

- Coloque el derecho de la pieza no entretelada del puño sobre el derecho de la manga e hilvane la orilla del puño con la orilla de la manga comenzando desde la abertura. Fíjelo a máquina y bájelo.
- Haga un doblez de 0,5 cm en la pieza entretelada del puño y fíjela a la manga sobre la costura anterior con punto escondido.
- Pase pespunte de adorno alrededor del puño por el lado derecho como muestra el dibujo.

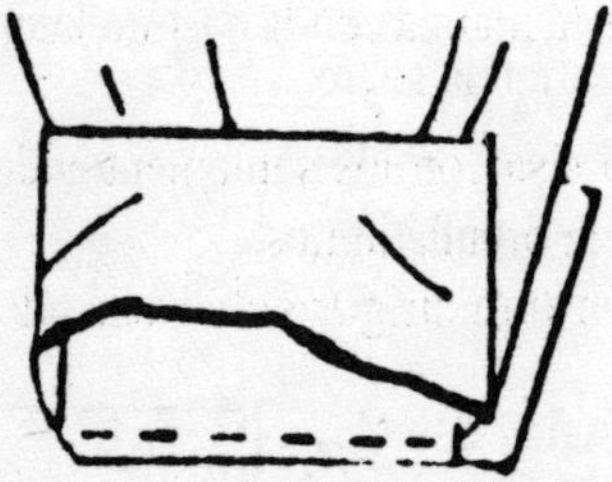

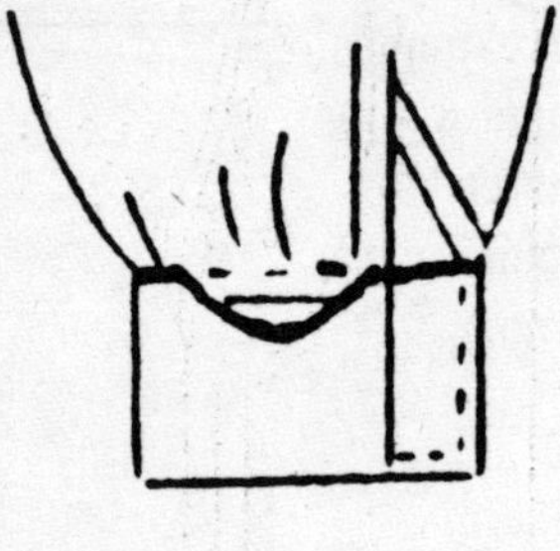

Colocación de la manga

La parte superior de la manga o copa puede ser plana, con frunce o con pliegues.

En el primer caso se debe pasar dos bastillas para embeber (o sea dar la medida justa de la sisa) y en el segundo para fruncir, tensando desde el punto A hasta B. En el tercer caso debe formar pequeños pliegues distribuidos entre A y B.

- ♦ Hilvane la manga en la prenda, con los derechos enfrentados y sobre el borde de la sisa, haciendo coincidir la costura de la manga con la costura lateral. Cosa a máquina.
- ♦ Sobrehíle la sisa con los suplementos de costura de la manga y de la prenda juntos.
- ♦ Planche la costura dirigiéndola hacia adentro.

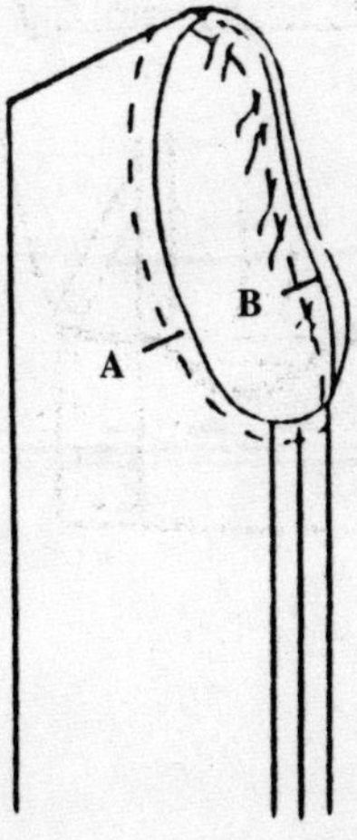

LECCIÓN Nº 27

CUELLO

El cuello debe cortarse dejando 1 cm de costura alrededor.

Piezas que lo componen: dos tapas de tela, una superior y otra inferior, una tapa de entretela de igual forma y medida.

- Hilvane la entretela a una de las tapas del cuello, sobre el revés de la tela.
- Coloque las tapas una sobre la otra con los derechos encarados y haciendo coincidir los bordes. Cosa todo alrededor.
- Recorte la entretela al ras de la costura para que los bordes no queden gruesos.
- Recorte los ángulos para que luego las puntas salgan bien.
- Dé vuelta el cuello al derecho, hilvane el contorno y plánchelo.

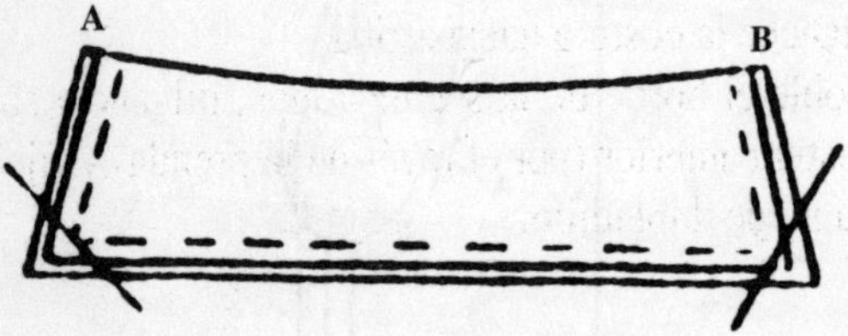

Colocación

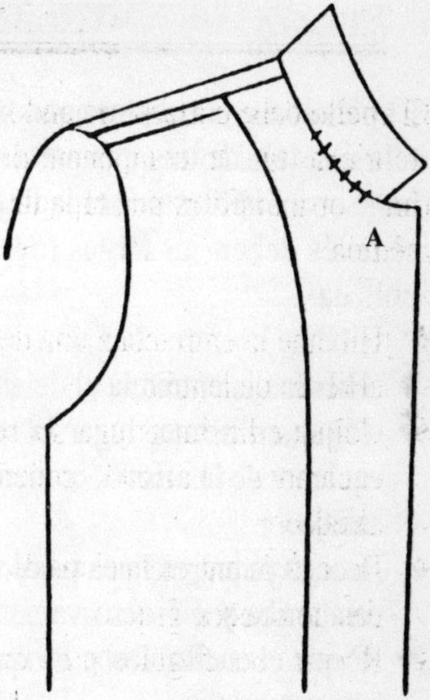

- Apoye la tapa entretelada del cuello sobre el derecho del escote, haciendo coincidir los puntos A y B con los centros delanteros.
- Hilvane desde los centros delanteros 3 cm hacia los hombros.
- Haga coincidir el centro del cuello con el de la espalda, luego reparta la flojedad del escote en forma pareja con el hilván y cosa a máquina.
- Planche la costura hacia arriba.
- Doble el borde de la segunda tapa, hilvánela sobre la costura anterior (por el revés de la prenda) y fíjelo con punto de dobladillo.

LECCIÓN Nº 28

PICADO DE ENTRETELA (en solapa y cuello)

El picado es una costura que se utiliza para unir la entretela a la tela de una chaqueta o tapado. Las puntadas deben ser invisibles por el lado exterior de la prenda y por el revés deben ser largas (de 1 cm aproximadamente) y oblicuas.

- Hilvane la entretela al delantero.
- Pique en primer lugar la solapa siguiendo la línea de quiebre de la misma, comenzando desde el escote hacia abajo.
  Luego pique en línea paralela a la anterior de abajo hacia arriba y así sucesivamente hasta cubrirla toda.
- Pique el cuello. Debe formar hileras de picado verticales y paralelas.

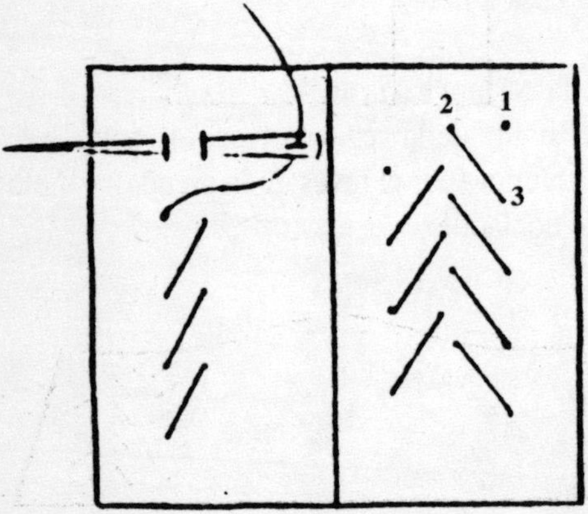

Nota: La entretela se debe mojar y planchar antes de unirla a la tela para que encoja todo lo necesario. Algunas veces se puede sustituir la entretela y el picado de la misma por entretela termoadhesiva que se aplica con plancha caliente directamente sobre las distintas partes de la prenda.

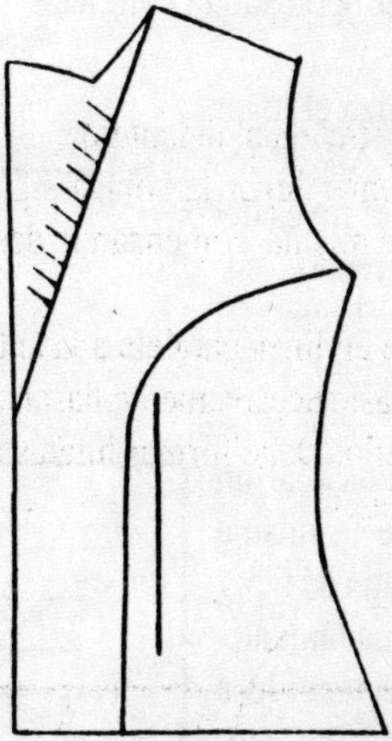

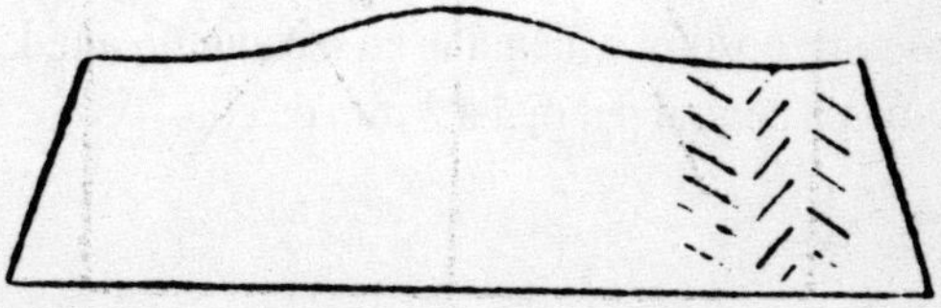

LECCIÓN Nº 29

OJALES

OJAL DE TELA

Este tipo de ojal se aplica en chaquetas y tapados después de haber colocado y picado la entretela.

♦ Marque con tiza el lugar y la longitud AB de los ojales, sobre el revés del delantero derecho, comenzando a 2 cm del borde del mismo.

♦ Corte para cada ojal un rectángulo de la misma tela de la prenda de 6 por 7 cm aproximadamente.

♦ Hilvane el rectángulo a la prenda, derecho contra derecho de modo que coincidan el centro del mismo con la marca central hecha en tiza.

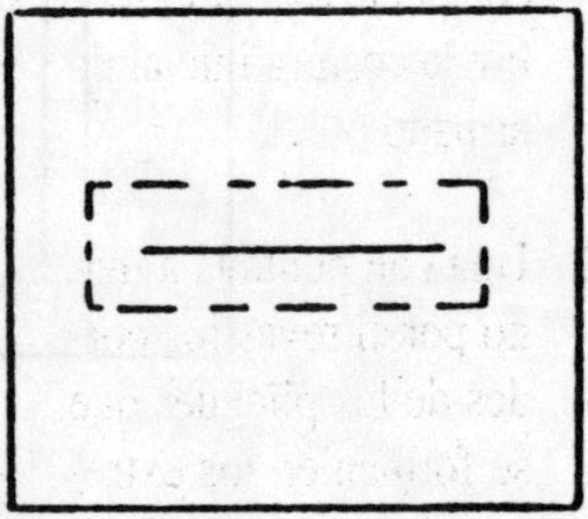

♦ Pase una costura a máquina en rectángulo alrededor de la marca central del ojal a 3 mm de ella.

♦ Deshilvane y corte horizontalmente por la marca central del ojal y diagonalmente en las esquinas.

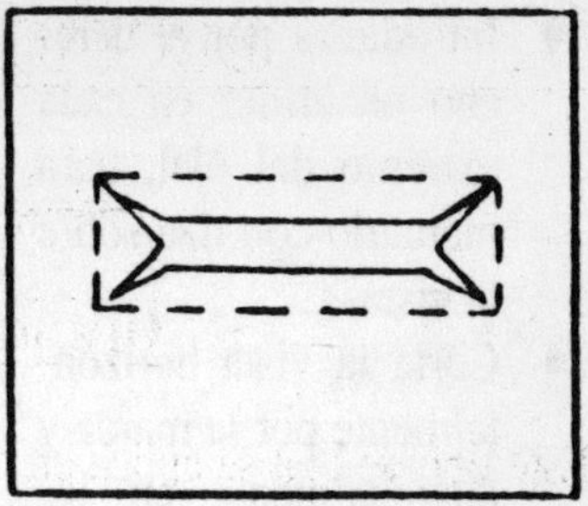

♦ Dé vuelta el rectángulo hacia el revés a través del corte y ábralo.

♦ Forme con el rectángulo dos ribetes de igual ancho, que se junten en el centro del ojal y cosa con punto escondido sobre la costura inicial de armado.

♦ Una con puntada a mano por el revés los bordes de los pliegues que se forman en los extremos del rectángulo.

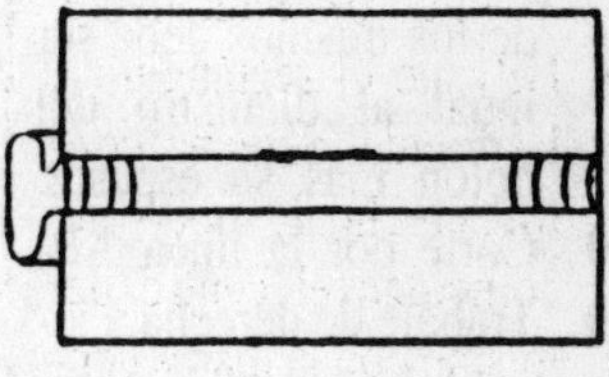

♦ Fije el rectángulo a la tela con punto cruz.

♦ Coloque las vistas a la prenda e hilvánelas.

- ♦ Introduzca por el derecho un alfiler en cada extremo del ojal, para marcarlo con tiza sobre la vista.
- ♦ Corte la vista horizontalmente por la marca y diagonalmente en las esquinas.

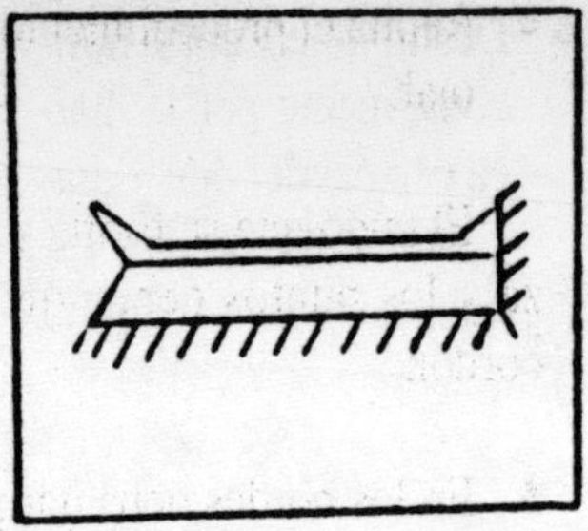

- ♦ Doble hacia adentro unos milímctros los bordes y esquinas resultantes del corte anterior y forre a mano.

Ojal bordado

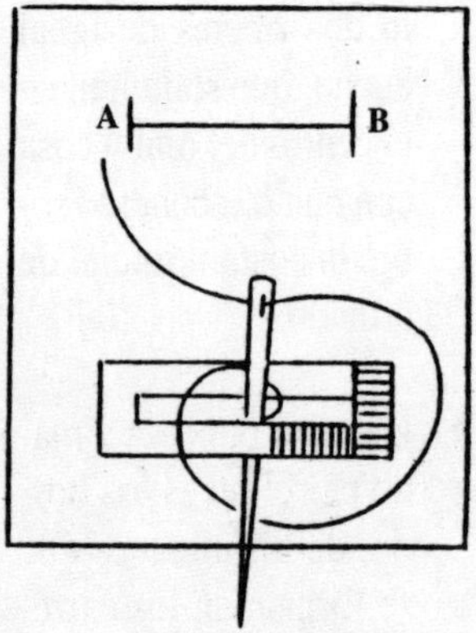

- ♦ Marque con lápiz sobre el derecho de la tela los ojales, a igual distancia uno de otro y teniendo en cuenta que el largo de los mismos debe ser igual al diámetro del botón más su espesor.
- ♦ Corte por la línea AB.
- ♦ Trabaje de derecha a izquierda, inserte la aguja de abajo hacia arriba, forme un bucle en sentido antihorario e inserte la aguja nuevamente.

♦ Repita el procedimiento a lo largo del corte o labios del ojal.

El nudo que se forma y queda sobre el corte, lo refuerza y los puntos deben quedar muy juntos formando un cordón.

♦ En los bordes debe dar puntadas verticales y luego horizontales.

LECCIÓN Nº 30

BOLSILLOS SUPERPUESTOS

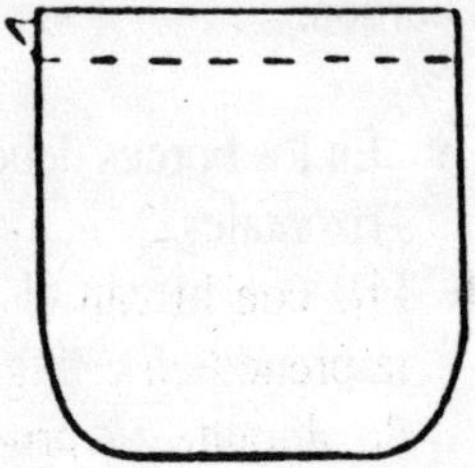

♦ Realice en papel el molde de los bolsillos y córtelos en la tela de la prenda agregando 1 cm para costura.

♦ Corte también el forro.

♦ Coloque derecho del bolsillo contra derecho del forro y pase una costura a máquina a 0,5 cm del borde superior.

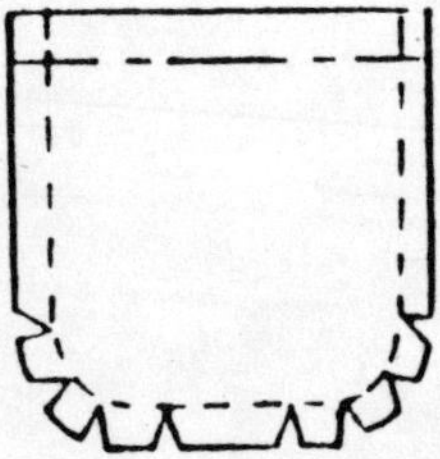

♦ Dé vuelta e hilvane primero el borde cosido y luego el resto del forro.

Si el bolsillo es redondeado realice muescas en esa zona.

♦ Doble hacia el revés alrededor del bolsillo el margen dejado para costura e hilvánelo.

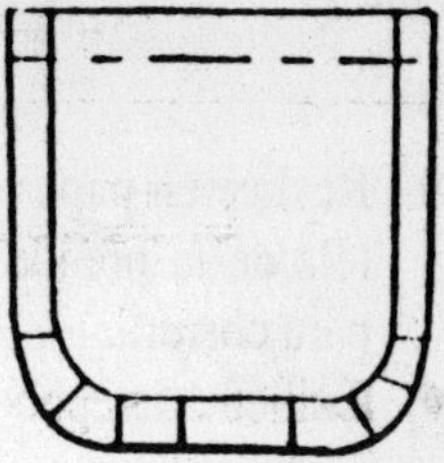

♦ Fije con hilván el bolsillo a la prenda en el lugar marcado durante la prueba de la misma.

♦ Pase pespunte a máquina por encima a 0,5 o 1 cm del borde.

- Realice en papel el molde de las tapas y córtelas en la tela de la prenda y en la del forro agregando 0,5 cm para costura.
- Coloque derecho de la tapa contra derecho del forro y cosa a máquina alrededor dejando libre de un lado como muestra la figura.

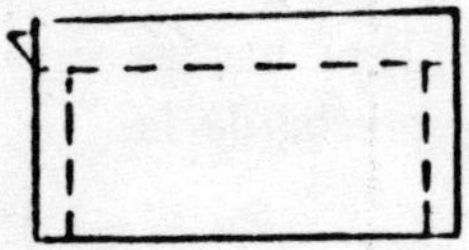

- Dé vuelta hacia el derecho, hilvane y pase pespunte de adorno a máquina.

♦ Coloque el derecho de la tapa contra el derecho de la prenda, encima del bolsillo y cósala a máquina.

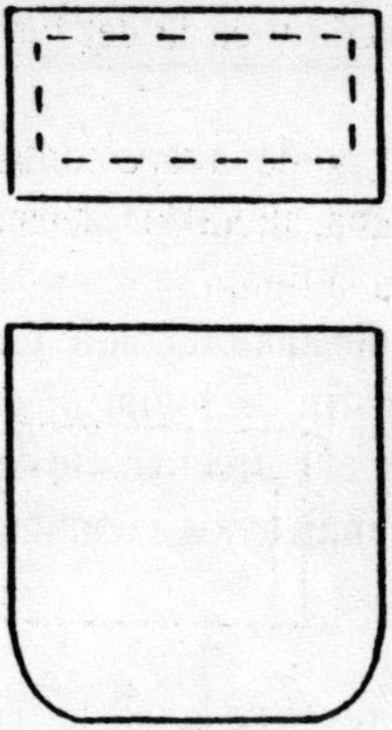

♦ Plánchela hacia abajo y pase pespunte de adorno.

LECCIÓN Nº 31

GENERALIDADES SOBRE CORTE Y PRUEBA

CORTE

Cuando deba cortar una prenda le recomendamos tenga en cuenta, con el fin de lograr el máximo aprovechamiento de la tela y el correcto corte de las piezas, las distintas formas que indicamos a continuación de colocar la misma.

1. Abierta con el revés de la tela hacia arriba.
2. Doblada por la mitad con los derechos encarados, haciendo coincidir los orillos.
3. Doblada de modo que los orillos coincidan en el frente.

- Una vez que ha colocado la tela en alguna de las formas mencionadas ubique los moldes sobre ella y sujételos con alfileres. (En la sección siguiente, en cada modelo indicaremos, además de cuál es la mejor forma de colocar la tela, la disposición más adecuada de los moldes sobre la misma, lo que constituye el plano de corte.)
- Marque con tiza los contornos, obteniendo así las líneas de costura.
- Marque con tiza, paralelamente a las líneas de costura, las líneas de corte.

Recomendamos los siguientes márgenes:

- 2 cm para costuras laterales, talle y mangas;
- 1 cm para sisas, hombros, vistas, cruce, cuellos, cinturón, pretina, puños;
- 4 cm para dobladillos.

PRUEBAS

Las pruebas se realizan con el objeto de corregir defectos en la prenda y se llevan a cabo en etapas diferentes del proceso de confección.

Le recomendamos realizar dos pruebas, la primera apenas armada la prenda mediante hilvanes y la segunda en una etapa más avanzada antes de la terminación (por ejemplo para colocación de cuellos y mangas, marcado de ruedo, etcétera).

Las prendas como vestidos, blusas, faldas y pantalones deben probarse sobre la ropa interior; tapados y chaquetas sobre la prenda con la que se usará.

FORMA DE REALIZAR RECTIFICACIONES

- Deshilvane la costura que debe rectificar y marque la corrección con alfileres.
- Marque con tiza siguiendo los alfileres que sostienen la corrección realizada y luego pase un hilván sobre la línea de tiza tomando una sola capa de tela.
- Para marcar las dos partes izquierda y derecha iguales

doble por la mitad cada pieza a corregir, o encarándolas si están separadas. Vuelva a prender alfileres por la línea hilvanada y pase tiza a la otra parte marcándola luego con un hilván.

- Arme nuevamente la prenda.

EJECUCIÓN COMPLETA DE QUINCE MODELOS FUNDAMENTALES

LECCIÓN Nº 32

FALDA RECTA

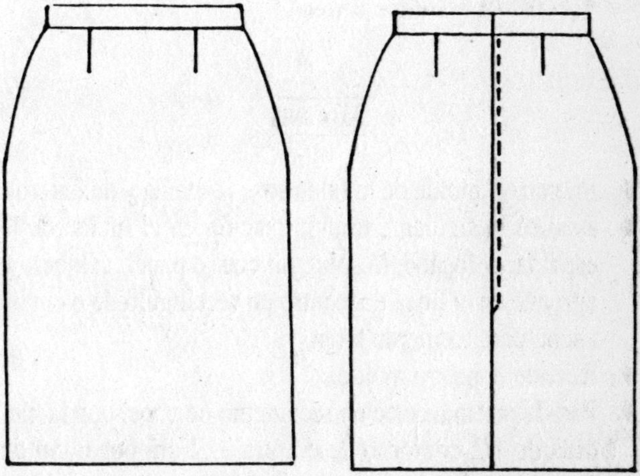

Falda de línea recta con tabla volcada hacia la derecha en la parte media de la espalda, con pretina angosta y cierre situado en la lado izquierdo.

Materiales necesarios

- Tela = un largo de falda más 15 cm de 1,40 m de ancho.
- Cinta para pretina (gros-grain) = contorno de cintura + 5 cm, de 3 cm de ancho.
- Cierre de 18 cm de largo.
- Broche a presión o de gancho.
- Sedalina al tono.

Moldes

- ♦ Prepare el molde de la falda base (espalda y delantero).
- ♦ Realice la siguiente transformación en el molde de la espalda: colocándolo sobre un nuevo papel, cálquelo y agregue en la línea del centro un rectángulo de 6 cm de ancho para formar la tabla.
- ♦ Recorte el nuevo molde.
- ♦ Para la pretina, corte un rectángulo de papel con la medida de 1/2 contorno de cintura + 3 cm por 6 cm de ancho.

Corte

- Extienda la tela sobre una mesa con el derecho hacia arriba y una los orillos de la misma 10 cm hacia la izquierda del centro.
- Coloque el molde del delantero con la línea del centro sobre el doblez izquierdo de la tela y el de la espalda con la línea del centro sobre el doblez derecho de la tela, dado que las dos piezas deben quedar enteras.
- Fije los moldes del delantero y la espalda con alfileres a la tela.
- Marque los contornos con tiza = línea de costura y los puntos A, B y C. Dibuje sobre la tela la pinza.

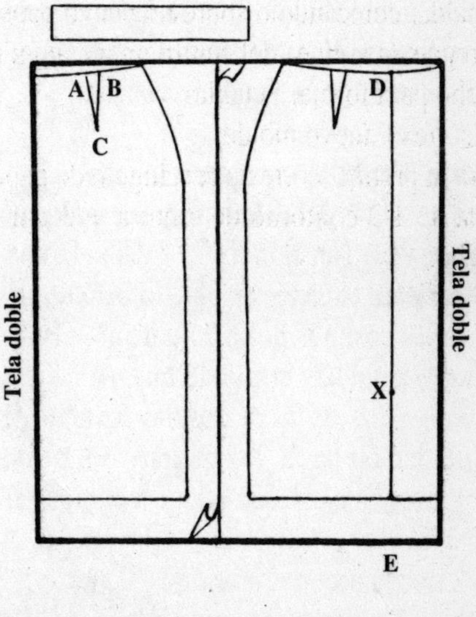

- Marque la línea de corte paralelamente a la línea de costura dejando los siguientes márgenes:

  dobladillo = 4 cm.

  costuras laterales = 2 cm
- Corte la tela siguiendo la línea de corte y retire los moldes.
- Doble el resto de tela por la mitad con los derechos encarados, coloque el molde de la pretina y corte dejando 1 cm de margen.

CONFECCIÓN

- Pase punto flojo por las líneas de costura laterales y del dobladillo.
- Pase un punto hilván chico a lo largo de la línea DE.
- Separe y corte el punto flojo.
- Arme la falda de la siguiente manera:

  – Cierre las pinzas con punto hilván.
  – Una los lados del delantero y la espalda con hilván de unión (vea la lección n.° 22), dejando una abertura de 18 cm para el cierre en el lado izquierdo.
  – Abra las costuras por medio de un hilván.
  – Pruebe la falda y corrija lo que sea necesario.
  – Cosa a máquina las pinzas, las costuras de los lados y la del tablón hasta 20 cm antes del ruedo (punto X).
  – Coloque el cierre como enseñamos en la lección Nº 24.
  – Coloque la pretina (lección Nº 25).
  – Dobladille, sobrehíle, quite hilvanes y planche.

LECCIÓN Nº 33

FALDA FRUNCIDA

Falda corta fruncida en la cintura, de pretina ancha con picos y cruce en el delantero. Cierre situado en el lado izquierdo.

Materiales necesarios

- Tela = dos largos de falda + 50 cm de 90 cm de ancho.
- Entretela termoadhesiva = 45 cm.
- Cierre de 18 cm de largo.
- Tres botones.
- Sedalina al tono.

Moldes

Corte dos rectángulos de papel con la medida de largo de falda por 42 cm.

Para la parte posterior de la pretina, corte un rectángulo de papel con la medida de 1/2 contorno de cintura por 7 cm.

Para la parte delantera de la pretina, forme con el papel doble un rectángulo ABCD con las siguientes medidas: AB = 3/4 de mitad de contorno de cintura y BC = 10 cm.

♦ Desde A, 3 cm hacia abajo marque E.

♦ Desde A hacia la derecha tome la medida de 1/4 contorno de cintura menos 4 cm y marque F.

♦ Una E con F por medio de una línea curva y F con C por una recta.

Corte

- Doble la tela por la mitad con los derechos encarados haciendo coincidir los orillos.
- Coloque los moldes sobre la tela como se indica en el plano de corte.
- Marque las líneas de costura y de corte.
- Proceda a cortar dándole alrededor a las piezas de pretina 1 cm de margen.

Plano de corte

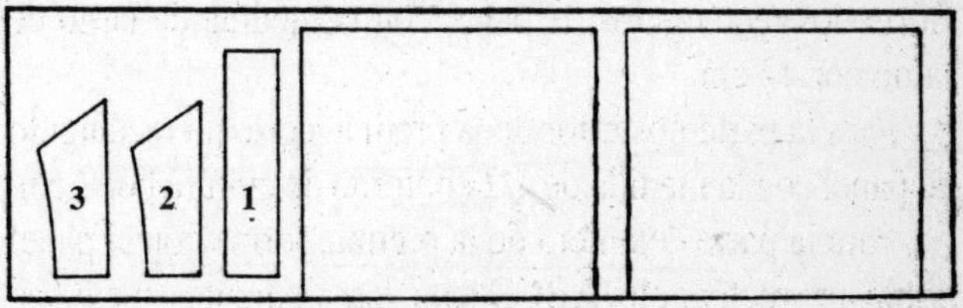

Doblez de la tela

Confección

- Cosa los lados dejando en el lado izquierdo la abertura para el cierre.
- Frunza la cintura (como enseñamos en la lección Nº 22) dándole la medida justa del contorno.

La pretina consta de tres piezas dobles (1, 2, 3 = interiores; 1', 2', 3' = exteriores).

- Coloque entretela termoadhesiva en las piezas 1, 2 y 3.
- Cosa colocando los derechos encarados 1 y 2.

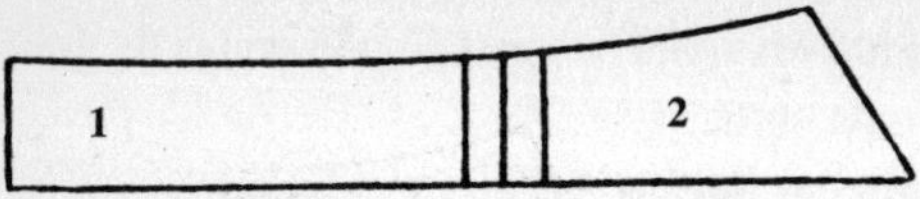

- Repita lo mismo con 1' y 2'.

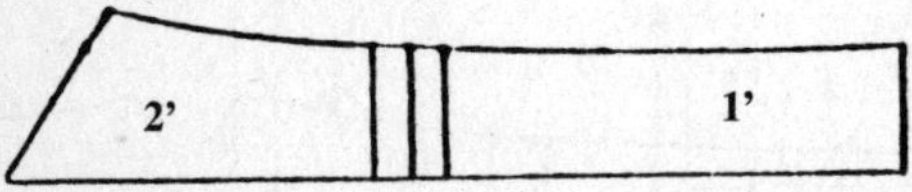

- Encarando los derechos de las piezas 1-2 y 1'-2', únalas cosiendo a 0,5 cm del borde. Dé vuelta e hilvane el contorno.

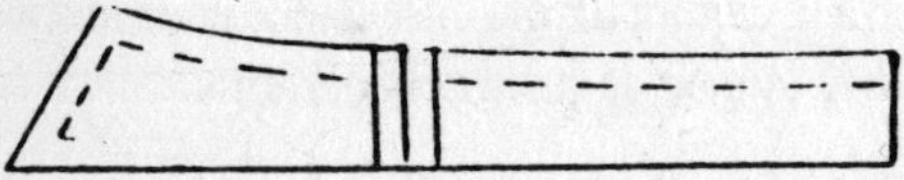

- Una cosiendo entre sí las piezas 3 y 3' encarando sus derechos.
- Dé vuelta e hilvane el contorno.

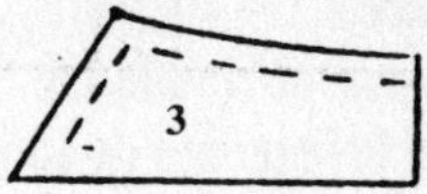

- Una hilvanando cruzadas las dos piezas delanteras.

- Por el revés haga un corte en la pieza 2 de 0,5 cm desde el punto X hacia arriba.

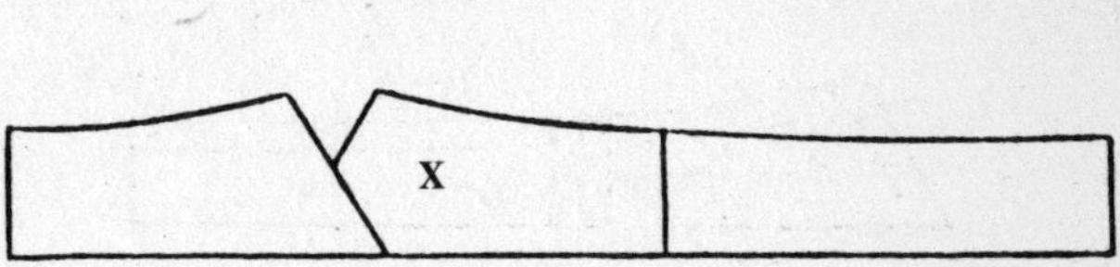

- Marque el medio del delantero en la pretina y en la cintura de la falda.
- Fije con un hilván la pretina a la falda haciendo coincidir las marcas anteriores. Pase costura a máquina.
- Haga un doblez de 0,5 cm en el orillo de las piezas entreteladas y forre.
- Coloque el cierre, sobrehíle las costuras y dobladille.
- Planche y cosa los botones de adorno.
- Coloque broche de gancho en la pretina.

LECCIÓN Nº 34

FALDA TABLEADA

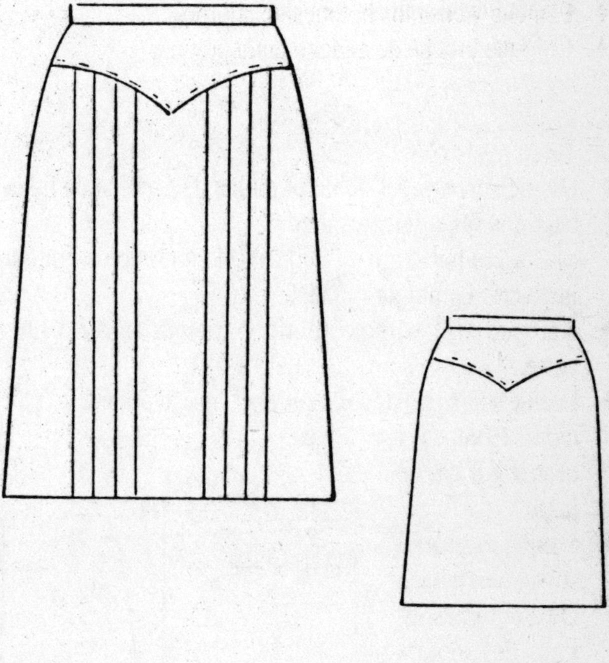

Falda con canesú de cadera terminado en punta, pretina angosta y tablas en el delantero orientadas unas hacia el lado izquierdo y otras hacia el derecho.

Materiales necesarios

- Tela = dos largos de falda + 10 cm de 1,40 m de ancho.
- Cierre de 18 cm de largo.
- Cinta gros-grain = contorno de cintura + 3 cm de 4 cm de ancho.
- Dos broches de gancho.
- Sedalina al tono.

Moldes

- ♦ Dibuje sobre papel doble el molde de espalda de falda base con las siguientes medidas: 1/4 contorno de cadera + 1 cm por largo de falda y 1/4 contorno de cintura justo (para eliminar pinzas).
- ♦ Agregue en el extremo inferior 3 cm más de vuelo y recorte.
- ♦ Dibuje sobre uno de los moldes el canesú de cadera (medidas: 13 cm en el centro y 8 cm de lado).
- ♦ Calque el canesú sobre otro papel. De esta forma obtiene dos moldes de canesú (para espalda y delantero) y el molde de la parte inferior de la espalda.

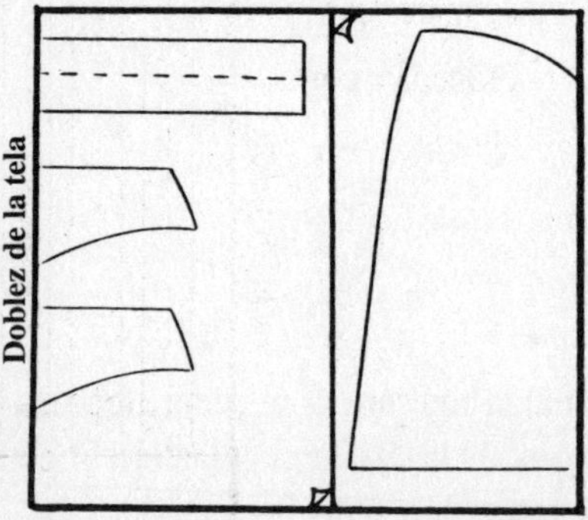

- Para obtener el molde delantero, sobre el segundo molde de espalda de falda base trace una paralela a la línea de cintura a 8 cm hacia abajo de la misma y recorte por ella.
- Agregue en el centro un rectángulo de papel de 24 cm de ancho para las tablas de 3 cm de profundidad cada una.
- Forme un rectángulo de papel para molde de pretina con la medida de 1/2 contorno de cintura + 4 cm por 8 cm de ancho.

CORTE

- Doble la tela correspondiente a un largo de falda de modo que los orillos coincidan en el frente.
- Coloque los moldes de espalda, canesú y pretina como se indica en el plano de corte.
- El resto de la tela dóblela por la mitad con los derechos encarados haciendo coincidir los orillos y coloque sobre ella el molde del delantero.
- Marque las líneas de costura y de corte. Proceda a cortar.

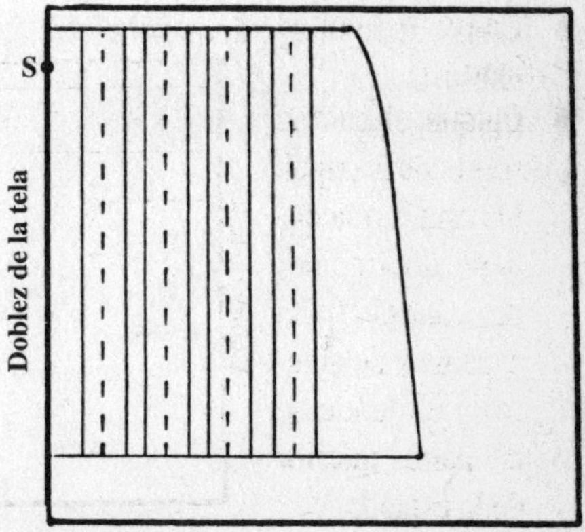

Confección

- Marque con tiza sobre la tela las líneas correspondientes a las tablas, la primera a 5 cm del centro y las siguientes cada 3 cm.
- Pase punto flojo por las líneas de costura, de apoyo de las tablas y dobladillo. Separe y córtelo.
- Hilvane el dobladillo.
- Doble la parte inferior de cada canesú por el borde de costura e hilvane.
- Hilvane las tablas a lo largo. Una vez cerradas, extienda esta pieza del delantero sobre una mesa; coloque un canesú sobre éste haciendo coincidir la punta con la línea central en el punto S ubicado a 5 cm del borde superior de la pieza y los lados con el extremo superior de la línea de cadera. Fíjelo primero con alfileres, luego con un hilván y pase pespunte de adorno.
- Repita el procedimiento para la espalda.
- Hilvane los lados dejando una abertura de 18 cm para cierre en el izquierdo.
- Cosa a máquina, coloque el cierre, la pretina y los broches.
- Planche.

LECCIÓN Nº 35

BLUSA SPORT

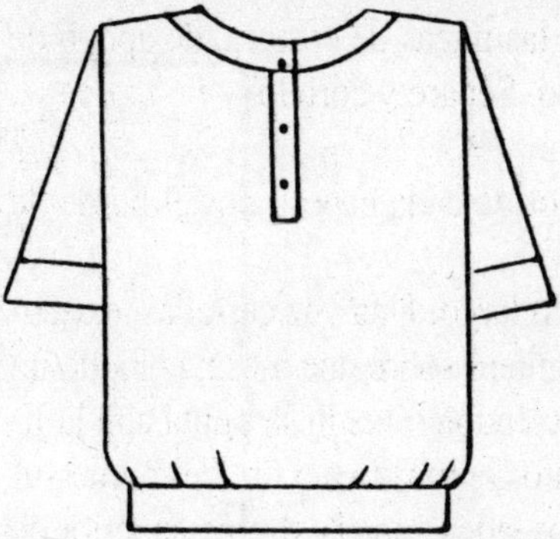

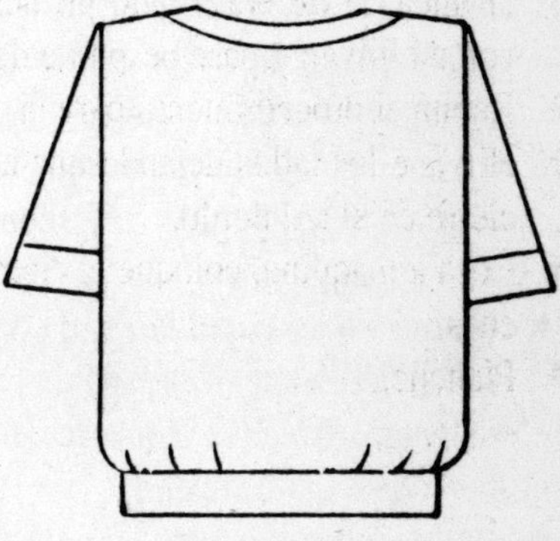

Blusa escote redondeado y ribeteado, con cartera abotonada, terminada con pliegues recogidos en una pieza que ajusta en la cadera.

Mangas cortas con doblez en el bajo.

Materiales necesarios

- Tela = dos largos de blusa + dos largos de manga + 35 cm de 90 cm de ancho.
- Entretela = 10 cm.
- Tres botones.
- Sedalina al tono.

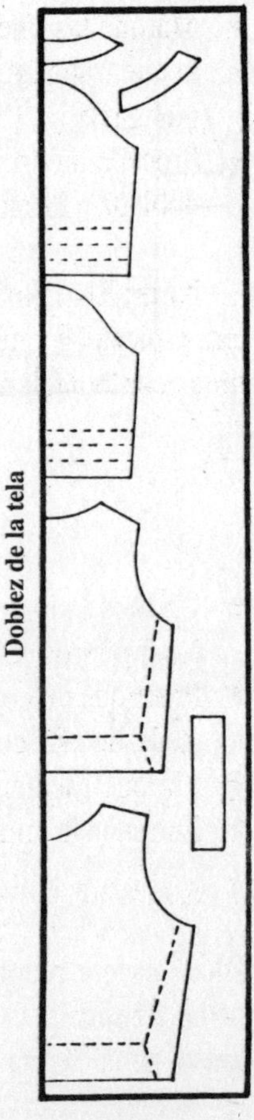

Moldes

- ♦ Prepare el molde de corpiño base con faldón, sin pinza lateral.
- ♦ Agregue al delantero y espalda los cm de amplitud que desee continuando la línea de sisa (por ejemplo 2 cm) y la de la cadera (por ejemplo 4 cm).
- ♦ Prepare el molde de manga base con el largo elegido y agréguele 12 cm para doblez.
- ♦ Calque sobre papel la forma de la mitad del escote de la espalda y del delantero y realice el molde del ribete, de 3 cm de ancho.
- ♦ Forme un rectángulo de papel para molde de la cartera de 7 cm de ancho por 20 cm de largo.
- ♦ Para el molde de la pieza de cadera forme un rectángulo de papel con la medida de cadera por 6 cm.

Corte

- Doble la tela por la mitad con los derechos encarados haciendo coincidir los orillos.
- Coloque los moldes sobre la tela como indica el plano de corte.
- Marque las líneas de costura y de corte (tenga en cuenta que trabajaremos con costura francesa en los lados y mangas).
- Proceda a cortar. Utilice una parte del sobrante de tela doblada a la mitad para cortar la pieza de cadera.

Nota: El mismo modelo puede hacerlo con ribetes, cartera y pieza de cadera en una tela elástica al tono o en distintas combinaciones de colores.

Confección

- Una los lados de la blusa mediante costura francesa y los hombros con costura simple.
- Practique un corte siguiendo la línea media del delantero desde el escote 18 cm hacia abajo.
- Marque mediante hilván la continuación de esa línea.
- Entretele la mitad de cada tapa de la cartera por el revés.

Bajotapa

- Coloque una de las tapas sobre el lado izquierdo de la abertura, derecho contra derecho de la blusa y haga un pespunte a máquina por el borde.
- Haga un corte en diagonal, de manera que forme un pequeño triángulo.
- Doble la tapa hacia adentro dejando 1,5 cm para cruce e hilvane en el borde de unión de ambas telas. Cosa a máquina.
- Doble hacia adentro el triángulo y forre uniéndolo a la bajotapa. Sobrehíle los bordes sueltos.

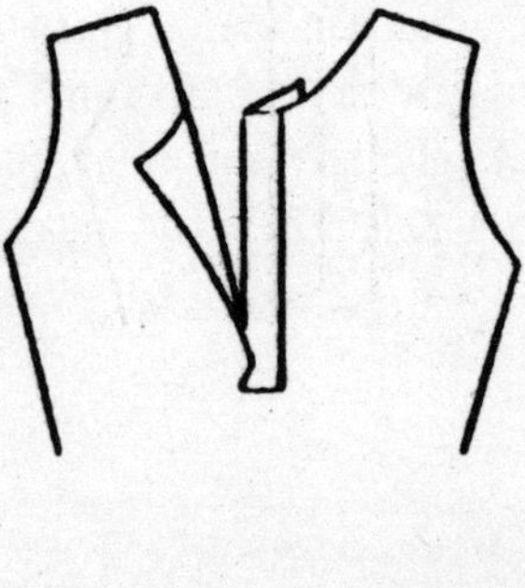

Sobretapa

- Coloque la otra tapa debajo del delantero derecho, derecho de la tapa sobre revés del delantero, haciendo coincidir los bordes, hilvane y luego cosa a máquina.
- Saque la tapa hacia arriba y planche la costura volcándola hacia la derecha.
- Haga un doblez de 1,5 cm en el otro borde de la tapa.
- Doble la tapa hacia la derecha ubicándola de modo que quede la mitad hacia la derecha de la línea central y la otra mitad hacia la izquierda.
- Doble la parte inferior de la sobretapa hacia adentro e hilvánela.
- Pase pespunte de adorno.
- Una por los lados el ribete del escote de la espalda con los de delanteros.
- Coloque el derecho de los ribetes encarados con el revés del escote de la blusa, hilvane y cosa a máquina.

- Dé vuelta el ribete e hilvane el borde ya cosido.
- Haga un pequeño doblez en el borde libre del ribete, hilvánelo a la prenda. Fíjelo con un pespunte a máquina y termine los extremos a mano.
- Arme las mangas con costura francesa, cósalas a las sisas.
- Doble la base de las mangas dejando 8 cm de tela hacia adentro y dobladille.
- Marque la vuelta de 4 cm con plancha y sujétela con un punto a mano en la costura.
- Forme pequeños pliegues en el ruedo de la blusa, sujetándolos con alfileres y luego hilvánelos. Controle que quede la medida de cadera.
- Cosa por el revés los lados de la pieza de cadera y abra con plancha las costuras.
- Dóblela por la mitad.
- Cosa uno de los orillos de la pieza de cadera con el ruedo de la blusa colocándolos con los derechos enfrentados.
- Dé vuelta la pieza. Haga un pequeño doblez en el orillo libre y forre sobre la costura anterior.

LECCIÓN Nº 36

BLUSA DE CANESÚ

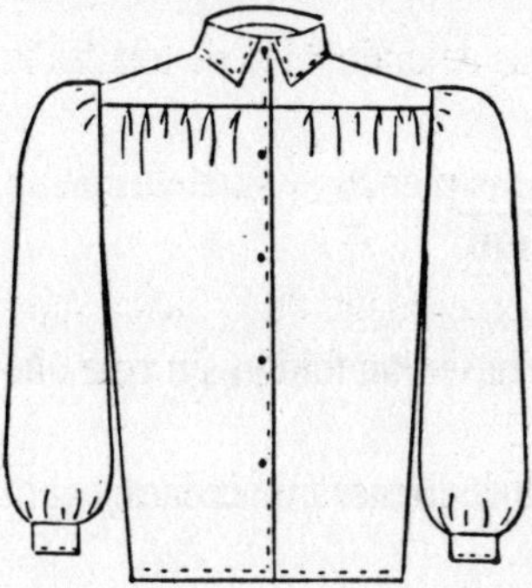

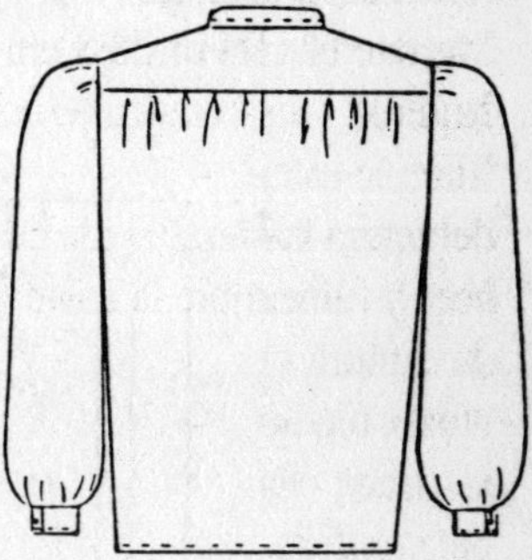

Blusa con cuello tipo camisa, canesú sin costura en el hombro del que parten pequeños pliegues. Mangas con pliegues en las partes superior e inferior, terminadas con puños.

Materiales necesarios

- Tela = dos largos de blusa + un largo de manga + 40 cm de 1,15 m de ancho.
- Entretela = 30 cm.
- Ocho botones.
- Sedalina al tono.

Molde

Prepare el molde del corpiño base con faldón sin pinza lateral.

Realice sobre él las siguientes transformaciones:

♦ Agregue al delantero 3 cm para cruce.

♦ Marque el canesú de 8 cm de alto en la espalda y delantero.

♦ Marque en el delantero sobre la línea de cintura el punto medio y trace la perpendicular PS.

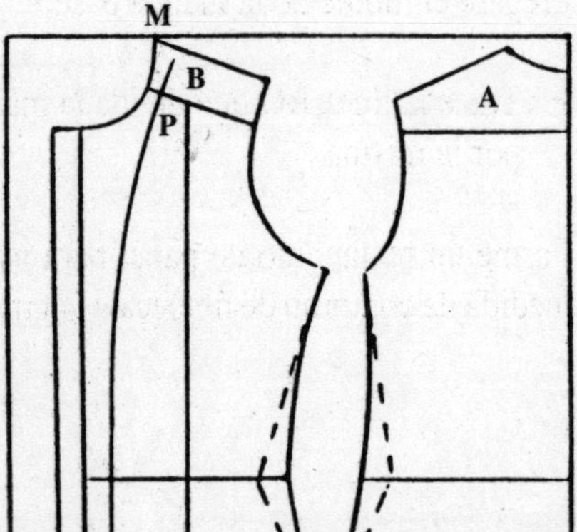

Vistas

Realice el molde de las vistas para los delanteros de la siguiente forma: sobre el nuevo papel apoye el molde del corpiño base que está trabajando y calque sobre él la forma dada por el contorno de cuello, 2 cm de línea de hombro, línea vertical del cruce y 7 cm de línea de ruedo.

Una los puntos MN mediante una curva y recorte.

- ♦ Trabaje nuevamente sobre el molde del corpiño base con faldón transformado.
- ♦ Corte el molde por la línea del canesú delantero y espalda.
- ♦ Una las dos piezas AB con cinta adhesiva por la línea del hombro.
- ♦ Corte el delantero por la línea PS hasta 0,5 cm antes de S.

Prepare el molde de la manga base.

- ♦ Trace la línea RO que divida la manga al medio y corte por la misma.

Forme un rectángulo de papel para molde de puño con la medida de contorno de muñeca + 4 cm para cruce por 8 cm.

Corte

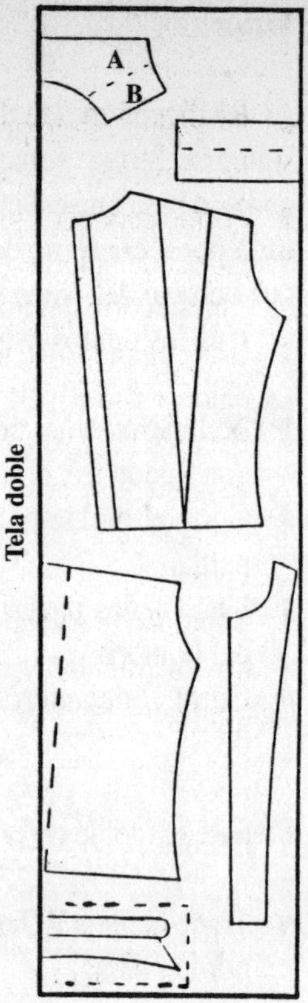

- Doble la tela por la mitad con los derechos encarados haciendo coincidir los orillos.
- Coloque los moldes sobre la tela como se indica en el plano de corte.

Espalda

- El punto superior del medio de espalda sepárelo 6 cm del doblez de la tela, mientras que al punto inferior debe hacerlo coincidir con éste.

Delantero

- Forme un triángulo de 10 cm de base separando las piezas que resultaron al cortar el molde por la línea PS.

Manga

- Las dos piezas resultantes del corte efectuado en el molde base, colóquelas separadas 10 cm entre sí.
- Marque las líneas de costura y de corte.
- Proceda a cortar, todas las piezas excepto el cuello para el que debe reservar el rectángulo de tela correspondiente.

- Pase punto flojo por las líneas de costura y del dobladillo, sepárelo y córtelo.
- Forme pequeños pliegues en el extremo superior de las piezas delanteras y espalda hasta obtener el ancho del canesú correspondiente, sujetándolos con alfileres.
- Una con punto de unión el canesú a los delanteros y espalda. Cosa a máquina.
- Hilvane las costuras de los lados (delanteros con espalda), pruebe y cosa.
- Coloque entretela termoadhesiva sobre el revés de las vistas.
- Superponga cada delantero a su vista (derechos encarados) hilvánelos y cosa a máquina a 0,5 cm del ruedo, borde del alto y ancho del cruce.
- Dé vuelta a las vistas e hilvánelas en los dos bordes.

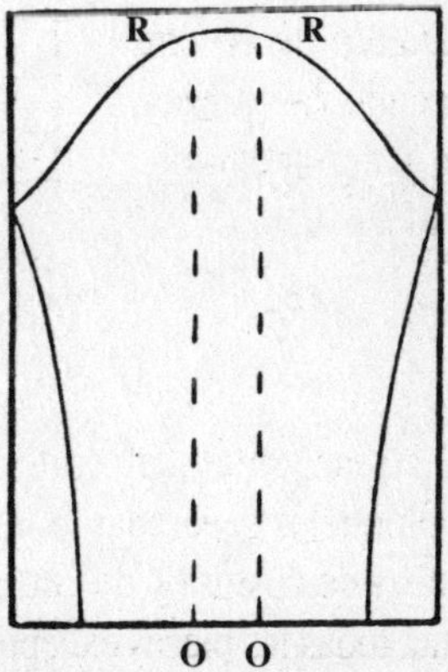

Cuello

- Tome en la prenda la medida de contorno de cuello. Dibuje el molde de cuello camisa como enseñamos en la lección Nº 11 y córtelo.
- Prepare y coloque el cuello (lección Nº 27).
- Prepare y coloque las mangas (lección Nº 26) y vuelva a probar.
- Pase pespunte de adorno a 0,5 cm de distancia de los bordes de ruedo delanteros y cuello.
- Sobrehíle las costuras laterales y de sisas, dobladille, haga ojales en el delantero derecho y en los puños, cosa los botones y planche.

LECCIÓN Nº 37

BLUSA DE VESTIR

Blusa con cuello corbata, botonadura escondida y mangas de copa plana terminadas con puños.

Materiales necesarios

- Tela = dos largo de blusa + un largo de manga + 35 cm de 90 cm de ancho.
- Entretela = 10 cm.
- Ocho botones.
- Sedalina al tono.

Molde

Prepare el molde de blusa básica.

En el molde del delantero derecho agregue al cruce 4 cm.

Realice dos moldes de vistas cada una con su correspondiente delantero.

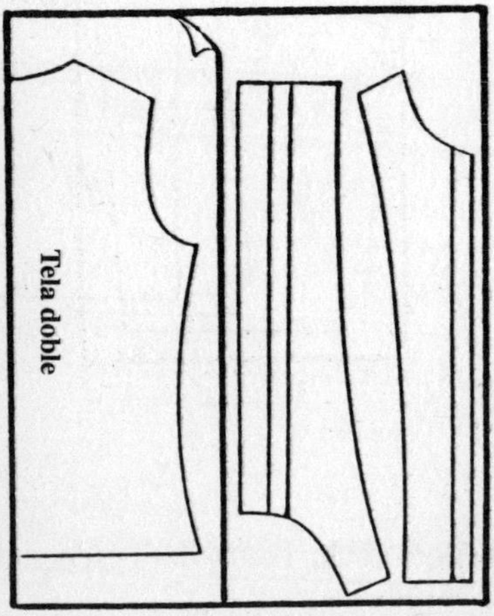

- Prepare el molde de la manga base agregando 10 cm a la medida de contorno de puño para poder hacer pliegues o frunce.
- Recorte un rectángulo de papel para molde de puño con la medida de contorno de muñeca + 4 cm por 8 cm.
- Forme un rectángulo de papel de 44 por 16 cm para molde del cuello corbata. Si lo desea, corte en forma triangular uno de los extremos.

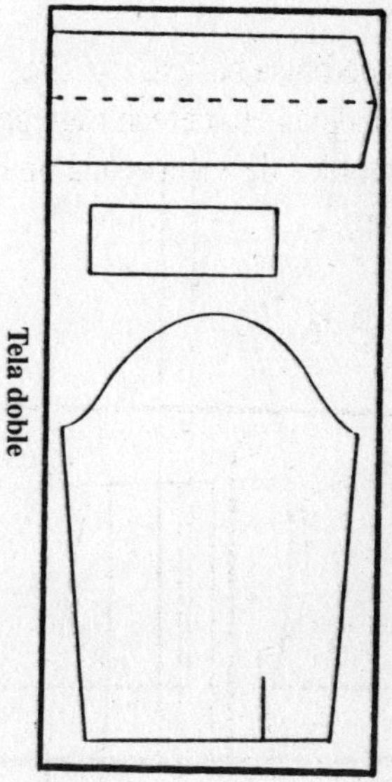

CORTE

- Coloque los moldes de delanteros y vistas sobre tela abierta, los de espalda, mangas, puños y cuello sobre tela doble como lo indican los planos de corte.
- Marque las líneas de costura y de corte. Proceda a cortar.

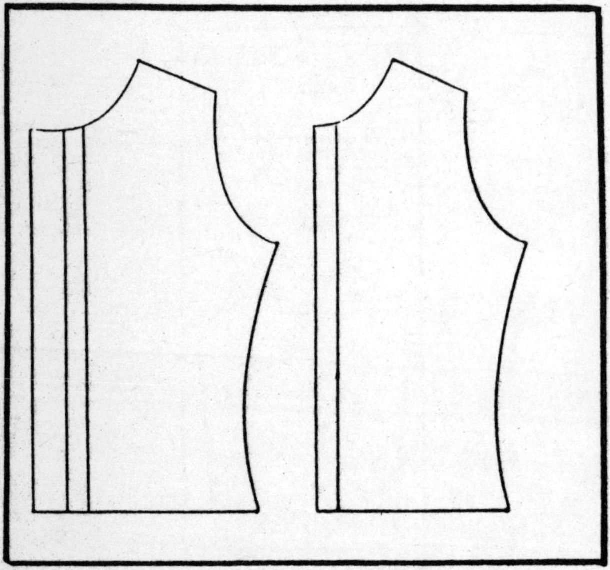

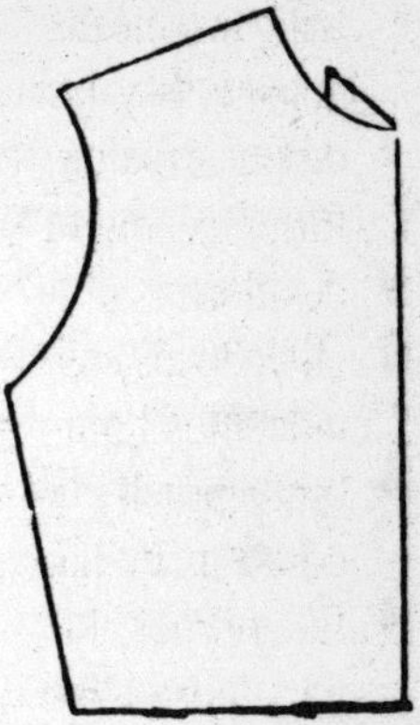

- Pase punto flojo por las líneas de costura y dobladillo, y un hilván a lo largo de la línea externa del cruce del delantero derecho. Separe el punto flojo y córtelo.
- Aplique una hoja de 4 cm de ancho de entretela termoadhesiva en el revés de las vistas desde el borde recto de las mismas.
- Tome delanteros y vistas derechos, doble los 4 cm agregados al cruce hacia el revés de la tela.

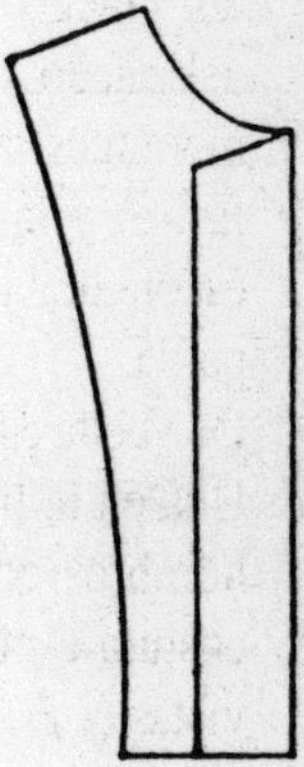

- Superponga este delantero a su vista revés con revés, e hilvánelos. Pase pespunte a máquina a una distancia de 3 cm del borde.

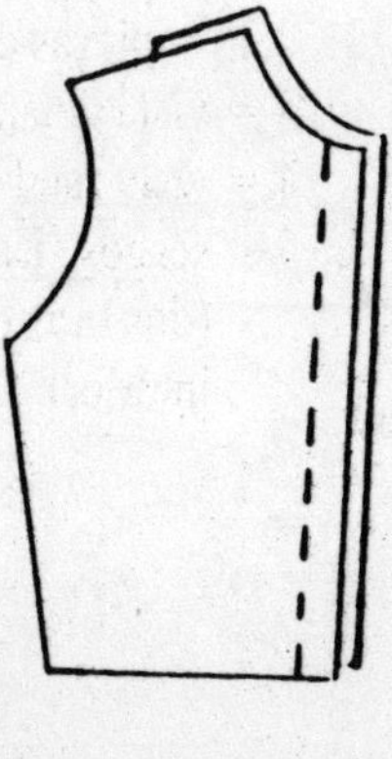

- Tome delantero y vista izquierdos superpóngalos encarando los derechos e hilvánelos. Cosa a máquina a 0,5 cm del ruedo, borde del alto y ancho del cruce. Dé vuelta la vista e hilvánela en los dos bordes.
- Una los lados de los delanteros a los de la espalda mediante un hilván.
- Una los hombros, pruebe y cosa.
- Prepare y coloque las mangas (lección Nº 26), vuelva a probar.
- Doble la tira del cuello a la mitad con el revés hacia afuera.
- Pase un pespunte a máquina desde los extremos hacia el centro dejando sin coser una longitud igual a la del escote.

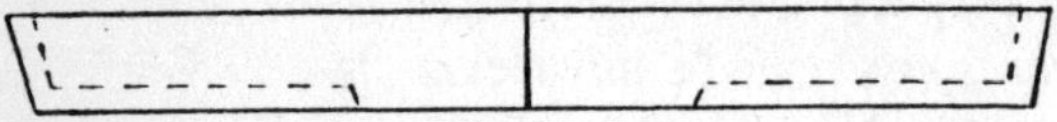

- Dé vuelta al derecho la pieza e hilvane el borde.

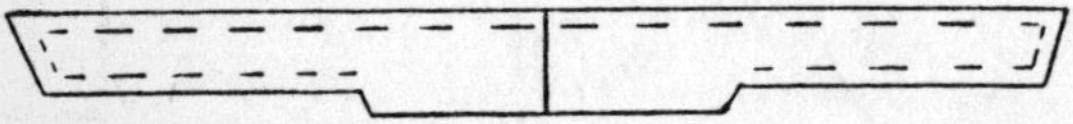

- Coloque una tapa del cuello sobre el derecho del escote haciendo que coincidan los centros de la espalda, hilvane y cosa de un extremo al otro. Planche la costura hacia arriba.
- Doble el borde de la otra tapa, hilvánela sobre la costura anterior (por el revés de la prenda) y fíjela con punto de dobladillo.
- Sobrehíle las costuras laterales, de los hombros y de las sisas, dobladille, haga ojales, cosa los botones y planche.

LECCIÓN Nº 38

PANTALÓN CON PLIEGUES

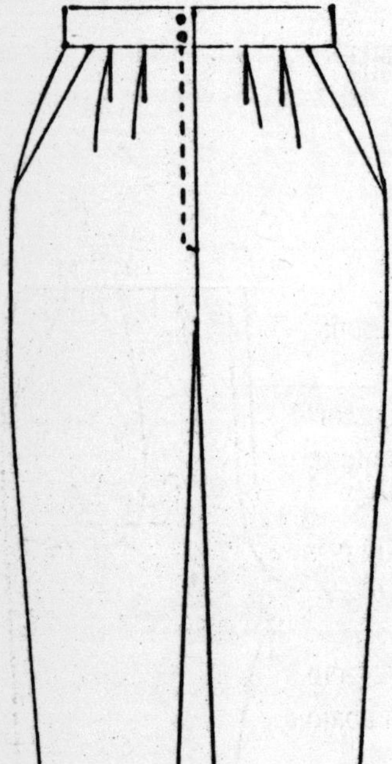

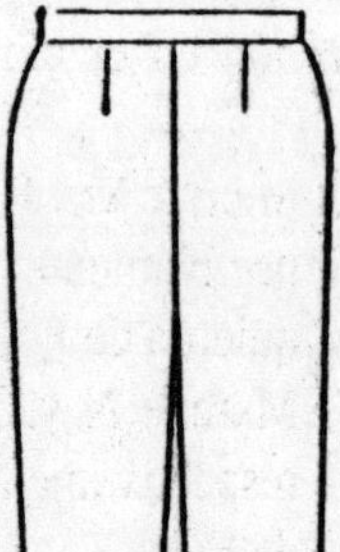

Pantalón de línea recta con pliegues y cierre en el delantero, bolsillos de cadera inclinados y pretina.

Materiales necesarios

- Tela = un largo de pantalón + 1/2 largo de tiro, de 1,40 m de ancho.
- Cinta para pretina = contorno de cintura + 3 cm, de 4 cm de ancho.
- Cierre de 18 cm de largo.
- Dos botones pequeños.
- Sedalina al tono.

Molde

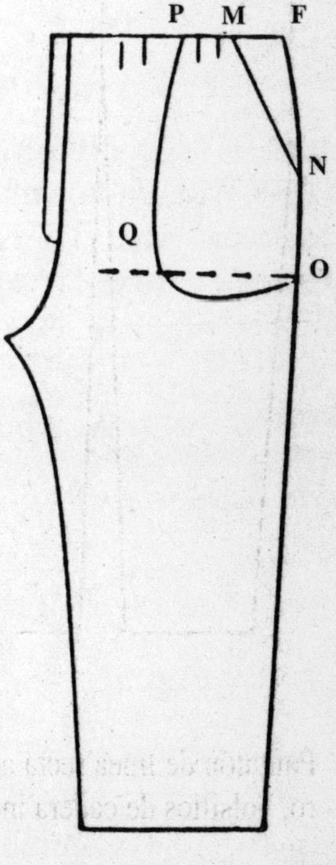

Prepare el molde como enseñamos en la lección Nº 21.

Realice la siguiente transformación en el molde delantero:

♦ Marque M y P 6 y 11 cm respectivamente hacia la izquierda de F.

♦ Marque N y O 14 y 24 cm respectivamente hacia abajo de F.

♦ Una M con N.

♦ Trace por O una paralela a PM y marque sobre ella el punto Q 17 cm hacia la izquierda de O.

♦ Una P, Q y O mediante una línea curva.

- Coloque debajo del molde delantero del pantalón un nuevo papel para dibujar el fondo del bolsillo. Calque sobre el mismo la forma FOQP y recórtela.
- Recorte en el molde delantero del pantalón la forma FNM.
- Calque sobre otro papel, como lo hizo antes, la forma MNOQP y recórtela. Así obtiene el molde de la pieza delantera del bolsillo.

Para la pretina corte un rectángulo de papel con la medida de 1/2 contorno de cintura + 5 cm por 8 cm de ancho.

CORTE

Doble la tela por la mitad con los derechos encarados haciendo coincidir los orillos. Coloque los moldes sobre la tela como indica el plano de corte, marque las líneas de costura y de corte. Proceda a cortar.

CONFECCIÓN

Plano de corte
Doblez de la tela

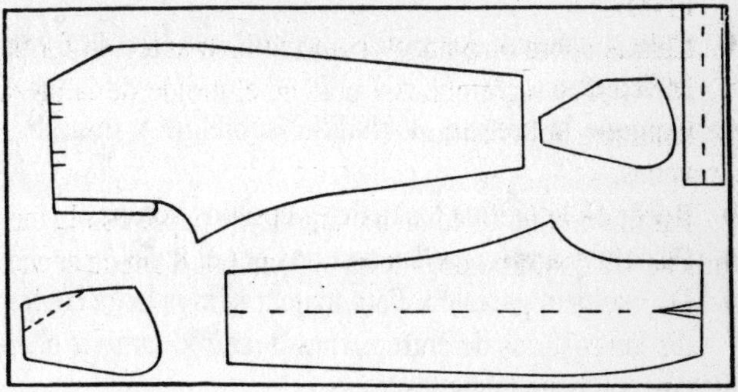

- Pase punto flojo siguiendo las líneas de costura.
- Coloque la pieza delantera del bolsillo sobre el delantero del pantalón de modo que los derechos queden encarados y haciendo coincidir las líneas MN. Cosa a máquina y dé vuelta hacia el interior la pieza del bolsillo.
- Pase un hilván sobre la costura anterior sujetando las dos telas y un pespunte de adorno a 0,5 cm del borde.
- Hilvane el fondo a la pieza delantera del bolsillo haciendo coincidir los bordes NOQP por los que debe pasar una costura de máquina.
- Sujete con un hilván siguiendo la línea PMNO.
- Hilvane pinzas y pliegues.
- Cosa a máquina las dos piezas de espalda por la línea de tiro.
- Haga lo mismo con las piezas del delantero colocando el cierre.

- Hilvane con hilván de unión las costuras laterales.
- Hilvane con hilván de unión las costuras de entrepiernas, delantero y espalda derechos y luego izquierdos.
- Abra mediante hilván las costuras y pruebe. Corrija lo necesario.
- Cosa a máquina las pinzas, las costuras laterales y de entrepiernas.
- Coloque la pretina, dobladille, sobrehíle y quite hilvanes.
- Borde en la pretina los ojales y cosa los botones.
- Planche y abra todas las costuras por el revés.
- Dé vuelta el pantalón. Para marcar la raya haga coincidir las costuras de entrepiernas a todo lo largo y planche con paño húmedo.

LECCIÓN Nº 39

FALDA PANTALÓN

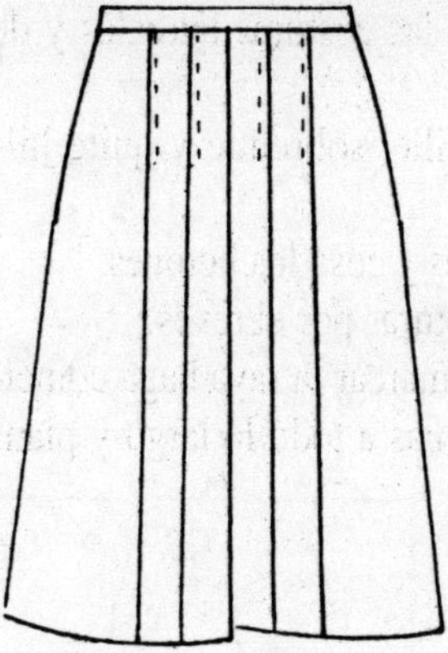

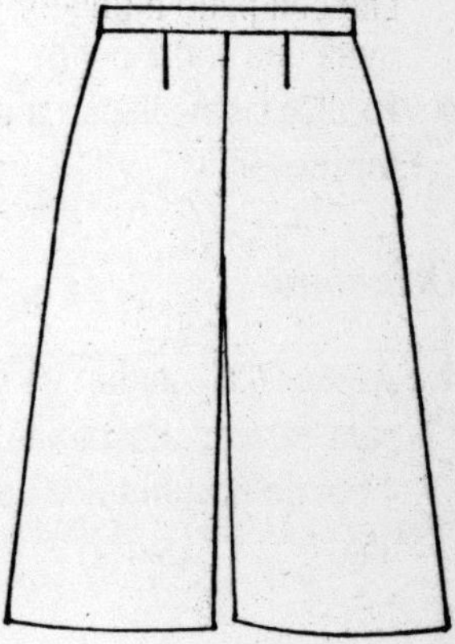

Falda pantalón con pretina y cuatro tablas en el delantero, dos en la parte derecha y dos en la izquierda en sentido opuesto.

Materiales necesarios

- Tela = dos largos de falda + 20 cm de 1,40 m de ancho.
- Cinta gros-grain = contorno cintura + 3 cm de 4 cm de ancho.
- Cierre de 18 cm de largo.
- Dos broches de gancho.
- Sedalina al tono.

Moldes

♦ Prepare el molde de falda pantalón base según la fórmula que corresponda.

♦ Realice las siguientes transformaciones:

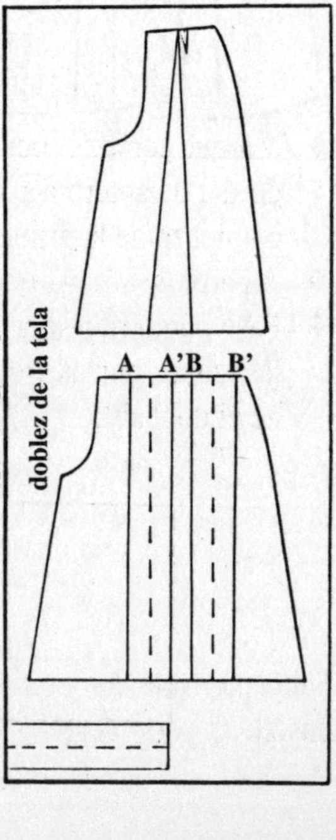

Delantero

♦ Agregue al ancho 16 cm para formar dos tablas de 4 cm de profundidad cada una.

Espalda

♦ Practique un corte vertical desde el punto medio del ruedo hacia el punto medio de la cintura dejando 0,5 cm sin cortar.

♦ Forme un rectángulo de papel para molde de pretina con la medida de 1/2 contorno de cintura + 2 cm por 8 cm.

CORTE

♦ Doble la tela por la mitad con los derechos encarados haciendo coincidir los orillos.
♦ Coloque los moldes sobre la tela.
♦ En el de la espalda separe las dos piezas resultantes del corte efectuado formando un triángulo de 10 cm de base.
♦ Marque las líneas de costura y de corte. Proceda a cortar.

CONFECCIÓN

♦ Marque con tiza sobre la tela una línea vertical a lo largo del delantero a 8 cm del centro que corresponde al comienzo de la primera tabla.
♦ A partir de allí marque cada 4 cm cinco líneas paralelas.
♦ Pase punto flojo por las líneas de costura, de apoyo de las tablas, pinzas y dobladillo. Separe y córtelo. Hilvane el dobladillo.

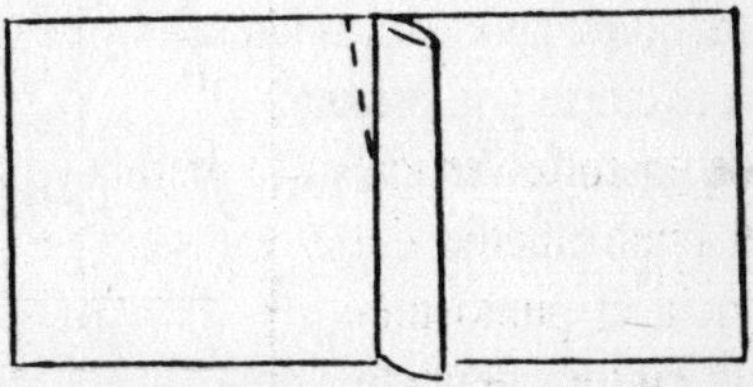

♦ Hilvane las pinzas de la espalda y las tablas por las líneas de apoyo A, A' y B, B'.
♦ Cosa a máquina las dos piezas de espalda por la línea de tiro, las pinzas y las piezas del delantero.
♦ Cosa a máquina las tablas desde la cintura 12 cm por el revés de la siguiente manera: tomando como guía las líneas de apoyo incline la costura 3 mm aproximadamente (de esta forma elimina las pinzas del delantero).
♦ Pase pespunte de adorno por el frente a cada tabla.

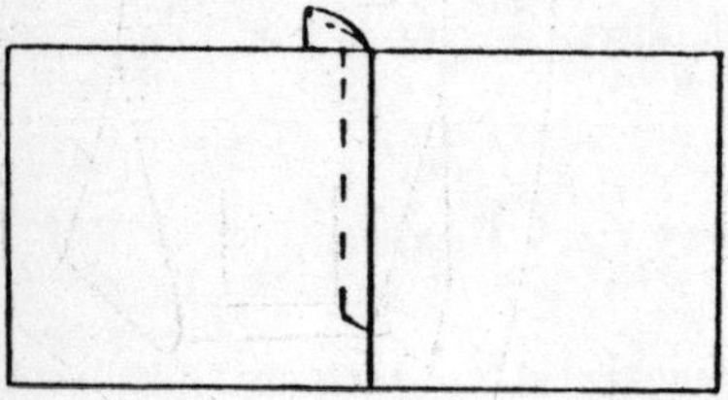

♦ Hilvane las costuras laterales, dejando una abertura de 18 cm para el cierre en el lado izquierdo.
♦ Hilvane las costuras de entrepiernas, delantero y espalda derechos y luego izquierdos.
♦ Abra mediante hilván las costuras y pruebe.
♦ Cosa a máquina las costuras laterales y de entrepiernas.
♦ Coloque el cierre y la pretina.
♦ Sobrehíle, cosa los broches a la pretina y planche.

LECCIÓN Nº 40

VESTIDO ELEGANTE

Vestido escote espejo, manga tipo jamón, falda campana y cinturón.

Materiales necesarios

- Tela = dos largos de falda + 2/3 de contorno de cintura + un largo de manga + un largo de talle + 30 cm de 1,15 m de ancho.
- Cinta gros-grain = contorno de cintura + 6 cm de 4 cm de ancho.
- Dos broches de gancho.
- Cierre de 25 cm de largo.
- Sedalina al tono.

Moldes

Prepare el molde del corpiño base sin la pinza lateral. Realice la siguiente transformación en delantero y espalda:

♦ Prolongue la línea de sisa 2 cm y la de cintura 4 cm.
♦ Trace las nuevas líneas de los costados.
♦ Dibuje las pinzas de entalle tomando la mitad de la medida de separación de busto desde el centro del delantero y de la espalda hacia la derecha e izquierda respectivamente.
♦ Transforme el escote como enseñamos en la lección Nº 10 (escote espejo).
♦ Realice el molde de falda semicampana.
♦ Prepare el molde de manga base y practique un corte vertical a lo largo de la línea media hasta 1 cm antes del bajo.
♦ Forme un rectángulo de papel, para molde de cinturón, con la medida de contorno de cintura + 6 cm por 10 cm.

CORTE

- Extienda con el derecho hacia arriba la tela necesaria para cortar una pieza de falda (un largo de falda más 1/3 de contorno de cintura más 5 cm para dobladillo).
- Superponga a la anterior un corte de tela con las mismas medidas encarando los derechos. Coloque el molde de la falda y de la vista delantera sobre la tela preparada como lo indica el plano de corte.

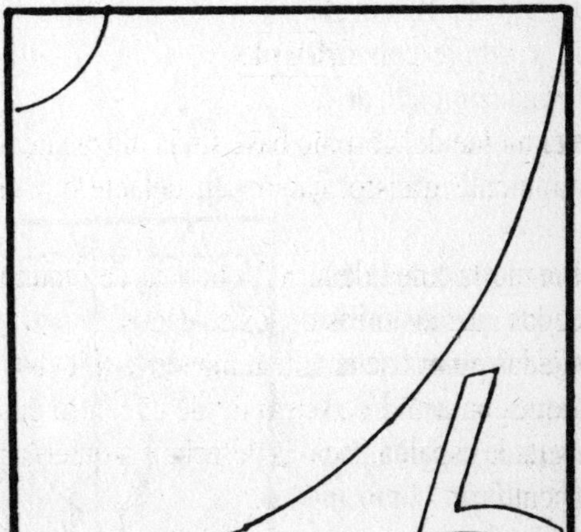

♦ Para cortar la manga doble por la mitad la tela correspondiente a un largo con los derechos encarados haciendo coincidir los orillos.

♦ Coloque el molde sobre la tela y separe las dos piezas resultantes del corte efectuado de modo que se forme un triángulo de 10 cm de base y dibuje con tiza la forma completa de la copa.

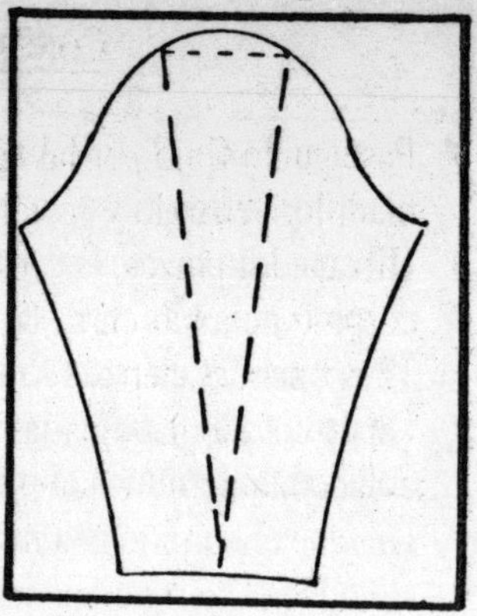

♦ Doble el resto de la tela de modo que los orillos coincidan en el frente y coloque los moldes de delantero, espalda, vista y cinturón como indica el plano de corte.

♦ Marque las líneas de costura y de corte y proceda a cortar.

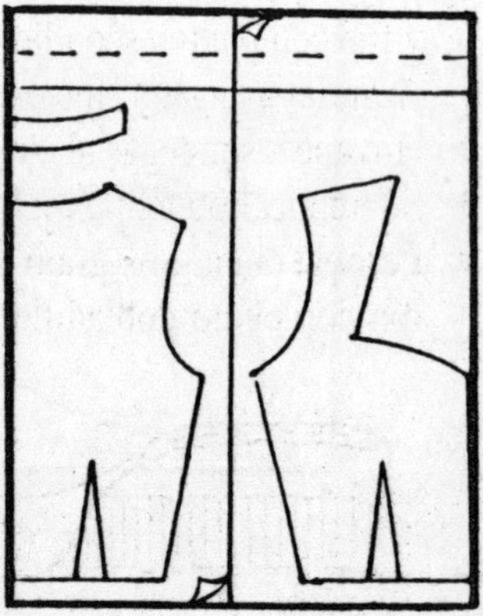

- Pase punto flojo por las líneas de costura, pinzas y dobladillo. Sepárelo y córtelo.
- Hilvane las pinzas, las costuras de hombros y lados del corpiño dejando en el lado izquierdo una abertura de 12 cm para el cierre.
- Una y cosa a máquina las piezas de la falda dejando en el lado izquierdo 13 cm sin coser para el cierre.
- Hilvane el corpiño a la falda. Pruebe y cosa a máquina.
- Coloque el cierre como enseñamos en la lección Nº 24.
- Una las vistas de espalda y delantero, colóquelas derecho contra derecho del escote, hilvane y cosa alrededor.
- Dé vuelta la vista hacia el revés e hilvane el borde ya cosido.
- Haga un pequeño doblez hacia adentro en el otro borde y fije con punto escondido.
- Arme las mangas y embeba las sisas por medio de frunces.
- Hilvane las mangas al cuerpo, pruebe y cosa.
- Sobrehíle, dobladille mangas y falda y planche.
- Forre la cinta gros-grain con la tela destinada al cinturón con punto dobladillo como se indica en la figura.

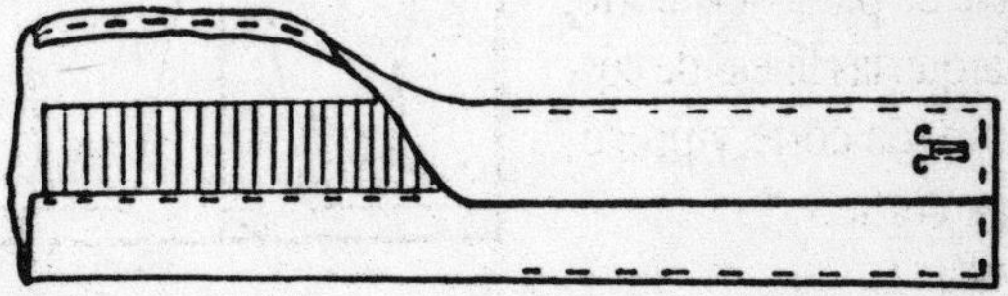

- Pase un pespunte a máquina de adorno a 2 mm de los bordes y cosa los broches.

LECCIÓN Nº 41

FALDA DRAPEADA

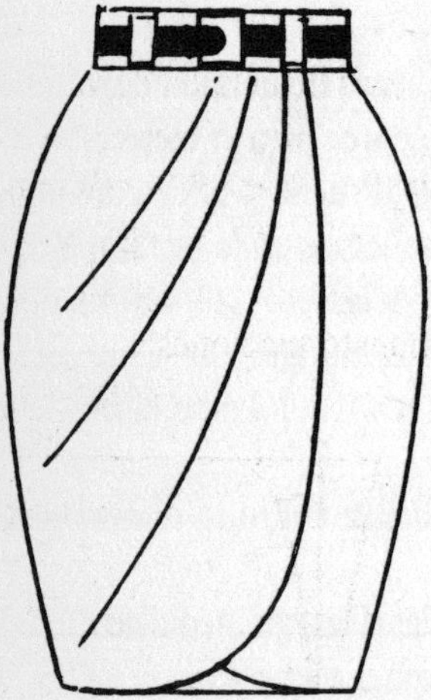

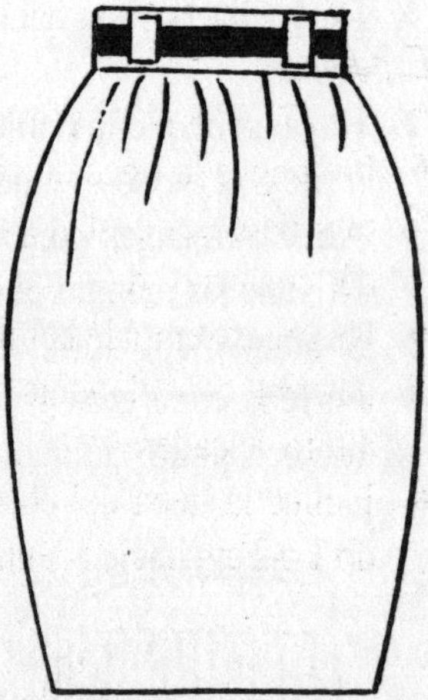

Falda de línea adherente, con delanteros cruzados terminados en ángulo curvo, el exterior drapeado desde la cintura y el interior liso. Espalda fruncida y pretina con presillas.

Materiales necesarios

- Tela = tres largos de falda + 25 cm de 90 cm de ancho.
- Velcro = 10 cm.
- Cinta gros-grain = contorno de cintura + 24 cm de 5 cm de ancho.

Moldes

Prepare el molde de falda base.
Realice sobre él las siguientes transformaciones:

Espalda

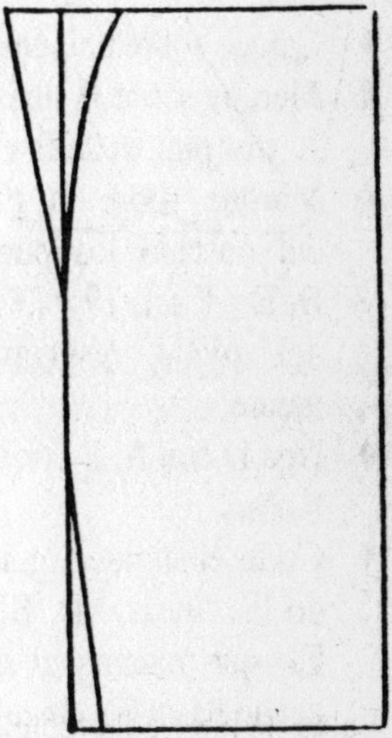

- ♦ Prolongue la línea de cintura desde el costado 1/8 de contorno de cintura.
- ♦ Una el extremo de la línea anterior con el punto de altura de cadera.
- ♦ Incline la línea del costado 1 o 2 cm hacia adentro.

Delantero interior

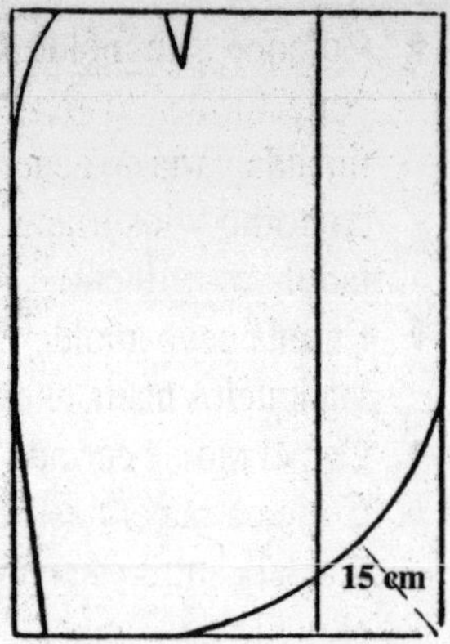

- Agregue al centro del delantero base un rectángulo de 12 cm de ancho.
- Forme un ángulo curvo en el extremo inferior como se muestra en la figura.
- Incline la línea de costado 1 o 2 cm hacia adentro.

Delantero exterior

- Calque sobre un nuevo papel el delantero interior.
- Marque sobre la línea de cintura cada 4 cm a partir de X, tres puntos A, B y C.
- Marque sobre la línea del costado los puntos D, E y F a 1, 19 y 28 cm del ruedo respectivamente.
- Una D con A, E con B y F con C.
- Corte el molde siguiendo las líneas AD, BE y CF que marcan el drapeado hasta 0,5 cm antes de los puntos D, E F.

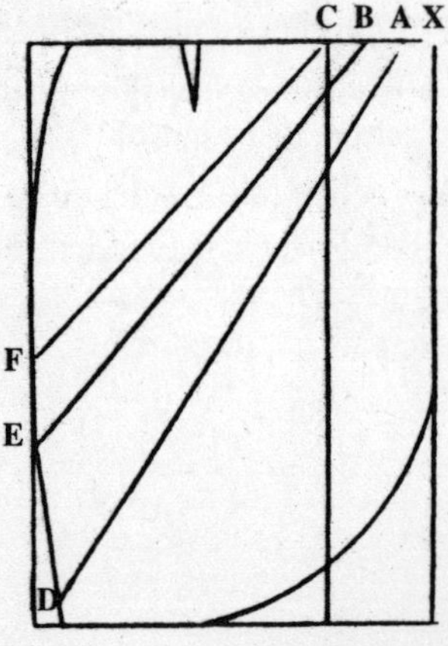

- Coloque este molde sobre un nuevo papel y abra cada corte formando tres triángulos de 8 cm de base (esta medida varía de acuerdo al espesor de la tela), calque el contorno y los triángulos. Recorte centro, ruedo y costado.
- En el nuevo molde doble los triángulos a la mitad y vuélquelos hacia el costado.
- Con el molde cerrado trace y recorte la línea de cintura.
- Corte en papel dos vistas de 6 cm de ancho con la forma del centro y ruedo del delantero interior y otra para el ruedo de espalda.
- Forme un rectángulo de papel para molde de pretina con la medida de contorno de cintura + 24 cm por 10 de ancho.
- Para presillas, corte 4 rectángulos de papel de 9 por 5 cm.

Corte

- Extienda la tela abierta con el revés hacia arriba.
- Coloque sobre ella los moldes de vistas, presillas, pretina y delanteros cuidando que éstos queden en sentido opuesto como muestra el plano de corte.
- Tome el resto de la tela y dóblela a la mitad con los derechos encarados y coloque el molde de espalda.
- Marque las líneas de costura y de corte (márgenes: 2 cm para lados, 1 cm para centro y ruedo).
- Proceda a cortar.

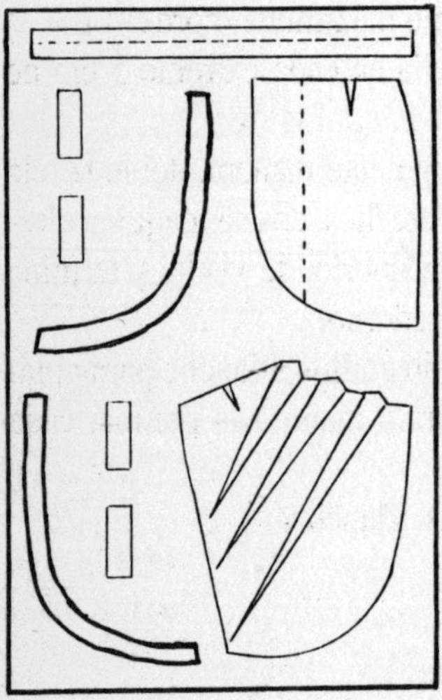

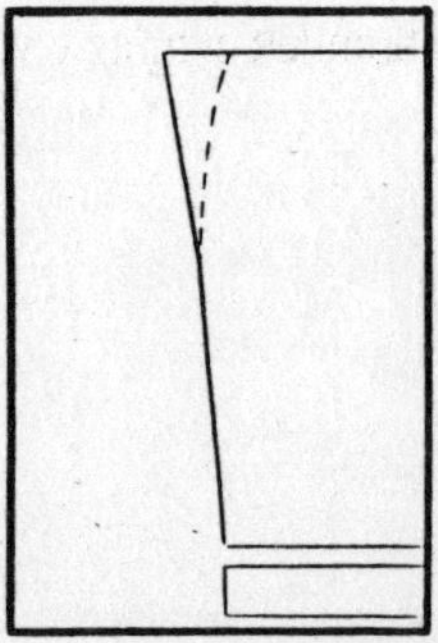

Tela doble

Confección

- Pase punto flojo por las líneas de costura laterales. Separe y córtelos.
- Forme los pliegues en la cintura e hilvánelos.
- Frunza la cintura en la espalda.
- Hilvane los lados, pruebe y cósalos.
- Una las vistas de espalda con las de delanteros.
- Colóquelas derecho contra derecho sobre los bordes de la falda, hilvánelas y cósalas a máquina.
- Dé vuelta las vistas hacia el revés, hilvane el borde ya cosido.
- Pase un pespunte de adorno a 3 mm del borde.
- Coloque la pretina y en ella en cada extremo 5 cm de velcro.
- Arme las presillas de la siguiente manera: doble la tela a la mitad encarando los derechos, cosa a máquina alrededor dejando un extremo abierto, dé vuelta y termine a mano. Pase pespunte de adorno.
- Una los extremos formando anillos. Planche para aplanarlas y fíjelas con costura a mano a la pretina, cada una a 11 cm del centro.
- Sobrehíle costuras y vistas. Planche.

LECCIÓN Nº 42

BLUSA AMPLIA

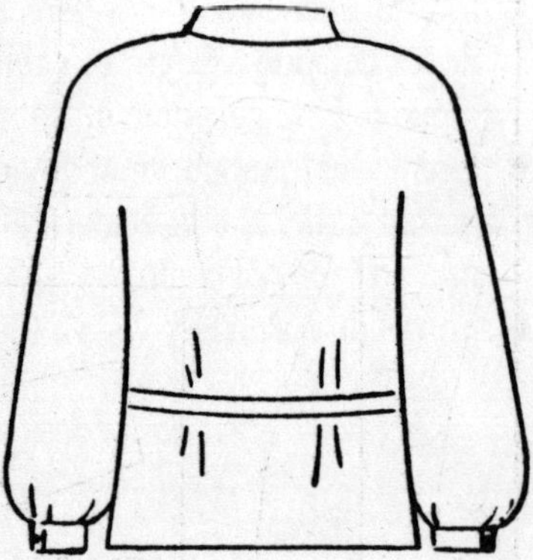

Blusa de mangas japonesas terminadas en puño, cuello y solapa, doble botonadura y lazo.

Plano de corte

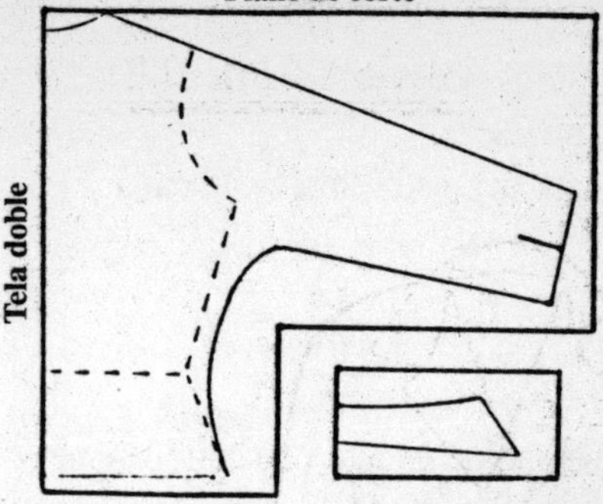

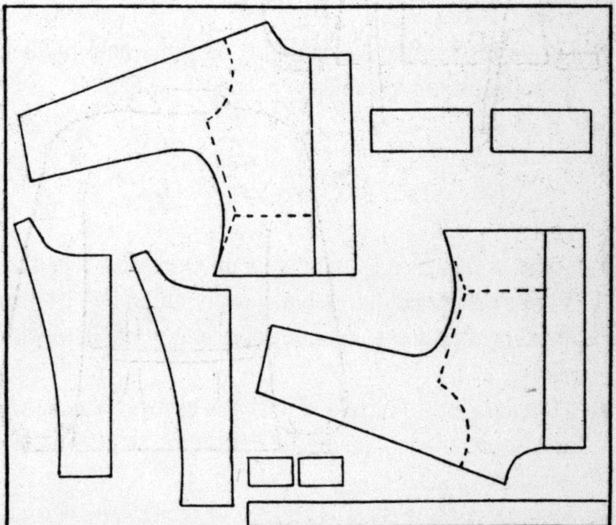

Materiales necesarios

- Tela = tres largos de blusa de 1,40 m de ancho.
- Ocho botones.
- Entretela termoadhesiva = 40 cm.

Moldes

♦ Prepare el molde de blusa de corte japonés como enseñamos en la lección Nº 13 cambiando: 1) la medida de la línea QH por largo de manga – 5 cm y 2) el cruce delantero por 10 cm.

♦ Calque en papel doble la forma y recorte el molde de la vista.

♦ Forme los distintos rectángulos de papel para moldes de puños, lazo y presillas.

Corte

♦ Tome la tela correspondiente a un largo de blusa más 3 cm para dobladillo, dóblela por la mitad con los derechos encarados y coloque sobre ella el molde de espalda.

♦ Coloque el resto de tela abierta con el revés hacia arriba y sobre ella los moldes de delanteros, vistas, puños, presillas y lazo.

♦ Marque las líneas de costura y de corte teniendo en cuenta que mangas y costados serán unidos con costura francesa. Proceda a cortar.

- Una los lados y por prolongación la manga, también los hombros continuando hasta el puño mediante costura francesa.
- Realice en la manga (espalda) un corte de 5 cm para la abertura del puño.
- Prepare y coloque los puños (lección Nº 26).

Vistas

- Coloque entretela termoadhseiva sobre el revés de las vistas.
- Superponga cada delantero a su vista (derechos encarados), hilvánelos y cosa a máquina a 0,5 cm del ruedo, borde del alto y ancho del cruce.
- Dé vuelta las vistas e hilvánelas en los dos bordes.

Cuello

- Realice el molde del cuello según las indicaciones de la lección Nº 11, modelo: «cuello sencillo».
- Sobre un rectángulo de tela doblado coloque el molde y recorte dejando 1 cm de margen. Repita esta operación para obtener el bajo cuello.
- Prepare y coloque el cuello (lección Nº 27).
- Dobladille, borde los ojales y cosa los botones.
- Arme las presillas y el lazo de la siguiente manera: doble la tela a la mitad encarando los derechos, cosa a máquina alrededor dejando un extremo abierto. Dé vuelta y termine a mano.

- Una los extremos de las presillas formando anillos, planche para aplanarlas y fíjelas a los costados de la blusa a la altura de la cintura a mano.
- Planche la blusa y el lazo.

LECCIÓN Nº 43

CHALECO

Chaleco de corte entallado, con escote V y picos en el delantero.

Materiales necesarios

- Tela = dos largos de chaleco + 20 cm de 0,90 de ancho.
- Tres botones.
- Sedalina al tono.

Moldes

- Prepare corpiño base.
- Agregue a espalda y delantero algunos centímetros de amplitud en los lados.
- Agregue al delantero 3 cm para cruce.
- Marque en el mismo la línea del escote V.
- Desde M, 11 cm hacia la derecha marque el punto N.
- Desde N hacia abajo trace 1 segmento perpendicular a la línea de cintura de 6 cm de longitud = punto O.
- Una M con O y trace desde O una curva hasta el otro extremo de la línea de cintura.
- Dibuje una curva desde el centro de la sisa, pasando por la parte más saliente del busto, hasta el ruedo.
- Dibuje las pinzas de entalle. Recorte eliminando los triángulos formados.

Espalda

- Marque la pinza de entalle sobre la línea de cintura.
- Desde el centro de la pinza dibuje una línea de recorte curva hasta el centro de la sisa. Recorte eliminando el triángulo.
- Calque sobre papel la forma y corte las vistas de delanteros, de ruedo y escote de espalda.

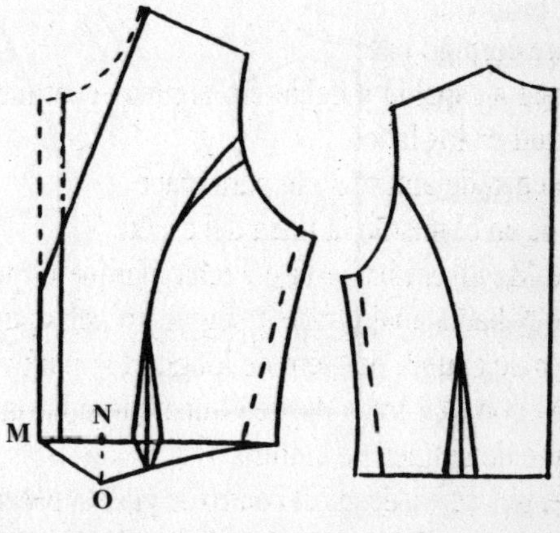

CORTE

- Doble la tela por la mitad con los derechos encarados, haciendo coincidir los orillos.
- Coloque los moldes sobre la tela como indica el plano de corte.
- Marque las líneas de costura y de corte.
- Proceda a cortar.

CONFECCIÓN

- Una las piezas delanteras y las de la espalda. Pase pespunte de adorno.
- Hilvane los costados, los hombros, pruebe y cosa a máquina.
- En primer lugar cosa las vistas delanteras, luego las del ruedo (como muestra la fig. c) y la del escote de la espalda.
- Dé vuelta e hilvane.
- Una en la línea del hombro con una costura a mano las vistas.

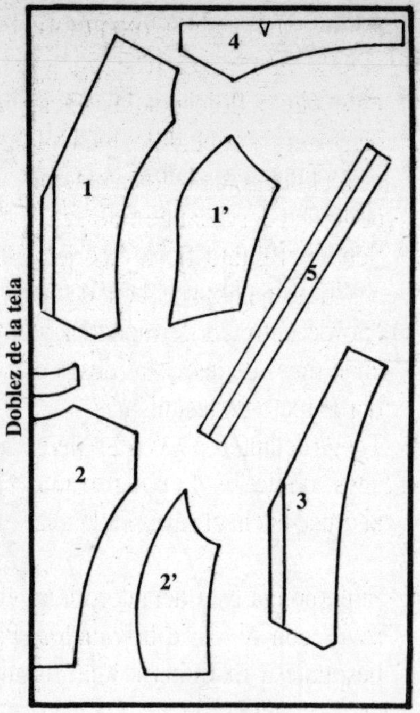

1,1' = piezas delanteras
2,2' = piezas espalda
3 = vista delantera
4 = vista ruedo
5 = sesgos sisas (dos tiras para el interior).

- Pase pespunte de adorno por los bordes, todo alrededor.
- Coloque los sesgos de las sisas (derecho contra derecho, cosa a máquina, dé vuelta, hilvane sobre la costura hecha y fije el otro borde con punto cruz).
- Sobrehíle, borde tres ojales en el delantero derecho, cosa los botones y planche.

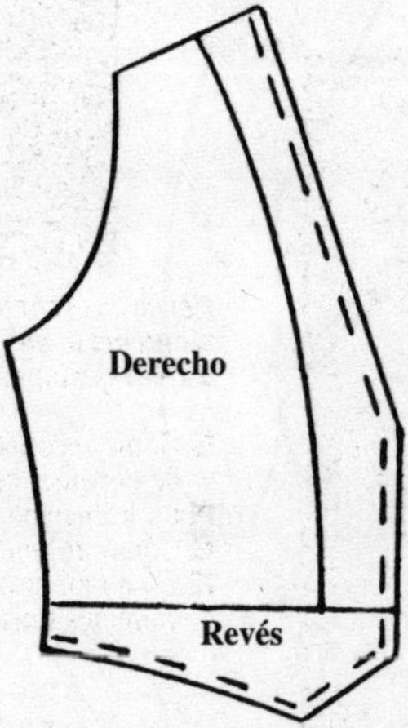

Fig. C

LECCIÓN Nº 44

CAMPERA

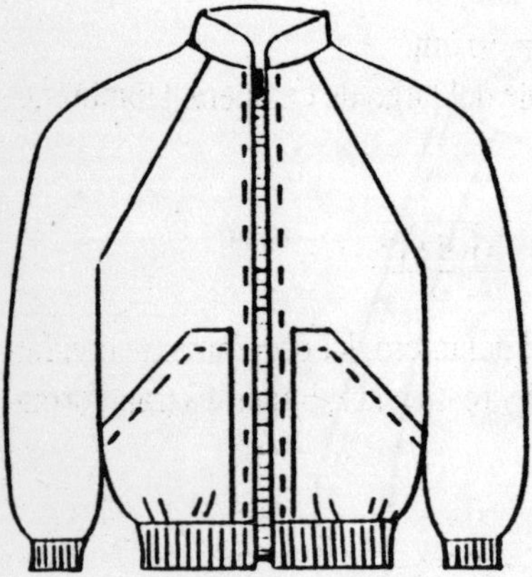

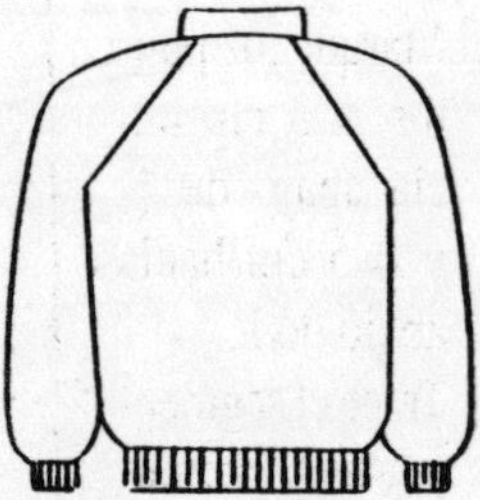

Campera deportiva, forrada, con puños y pieza de cadera en tejido de punto, cuello de tira tipo militar, mangas reglán y cierre desmontable. Adornada con originales bolsillos pegados.

Materiales necesarios

- Tela = tres largos de campera + 20 cm de 1,40 m de ancho.
- Forro = dos largos de campera + 10 cm de 1,40 m de ancho.
- Tejido de punto = 30 cm.
- Cierre desmontable del largo de campera. Hombreras.

Moldes

♦ Prepare el molde del delantero del corpiño base con faldón sin pinza lateral y realice las siguientes transformaciones:

Delantero

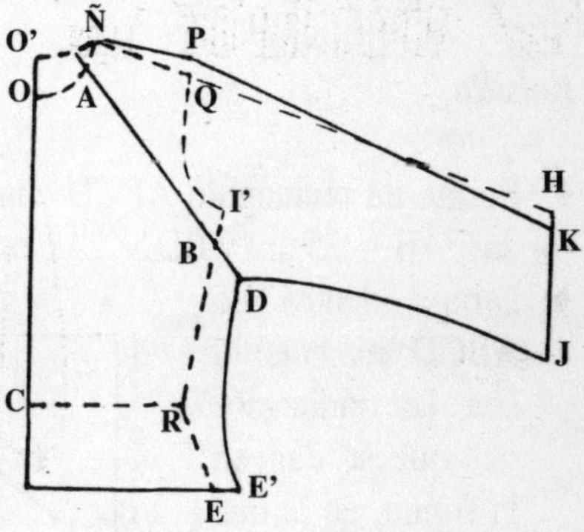

♦ Marque los puntos A 3 cm hacia abajo de: Ñ y B 5 cm hacia abajo de I'.

♦ Trace el segmento AB y prolónguelo de 3 a 5 cm hasta D.

♦ Marque el punto P 2 cm hacia arriba de Q.

♦ Prolongue la línea del hombro hacia la derecha con la medida de largo de manga menos 5 cm = H.

- Trace el segmento HJ de longitud igual a 1/2 contorno de muñeca + 10 cm paralelo a OC.
- Marque K 1,5 cm hacia abajo de H.
- Una los puntos Ñ con P y con K y J con D.
- Marque el punto E' 6 cm hacia la derecha de E y una E con E' y con D.
- Calque en papel la forma y corte el molde de la vista.

Espalda

- Calque sobre un nuevo papel el delantero formado.
- Prolongue OC 5 cm hacia arriba = O'.
- Una O' con Ñ por medio de una curva para formar el escote de la espalda.
- Prolongue AB hacia arriba.
- Corte los moldes de delantero y espalda por la línea AD.

Bolsillo

- Forme un rectángulo ABCD con las siguientes medidas: AB = 25 cm y BD = 24 cm.
- Dibuje dentro de ABCD el bolsillo con las indicaciones que se dan en la figura, en la que los números representan cantidad de centímetros.

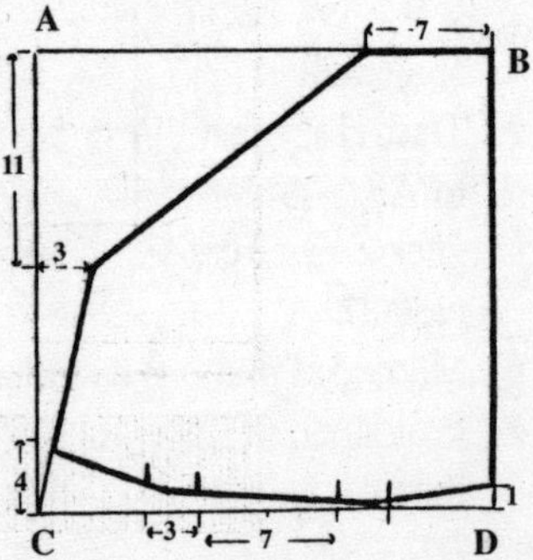

Plano de corte

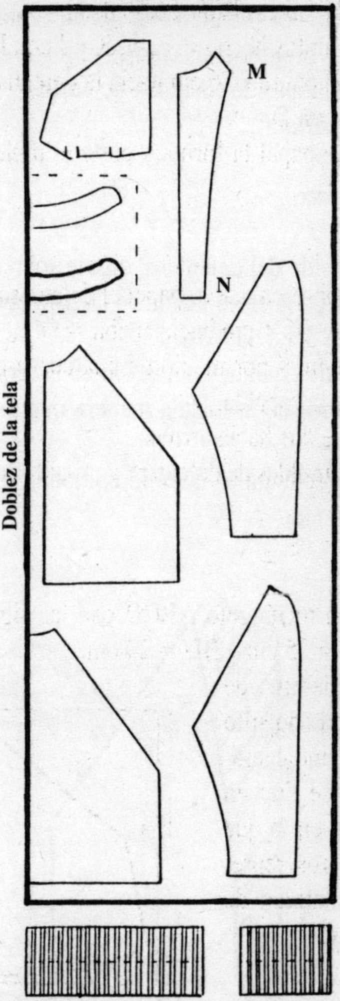

- Doble la tela por la mitad con los derechos encarados.
- Coloque los moldes como indica el plano de corte.
- Marque las líneas de costura y de corte.
- Proceda a cortar.

Para cortar el forro

- Tome el molde del delantero, dibuje sobre él la vista y recórtela. Con la eliminación de la vista obtiene el molde del forro del delantero.
- Las piezas de espalda y mangas córtelas con los moldes ya preparados de la misma manera que lo hizo con la tela.
- Corte tres rectángulos de tejido de punto para puños y pieza de cadera.

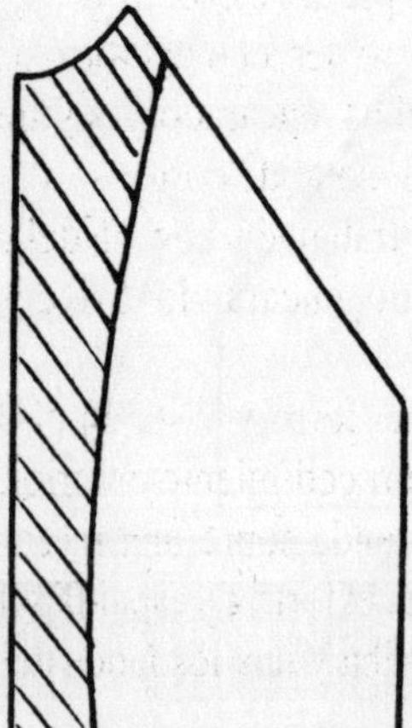

Confección

- Pase punto flojo por las líneas de costura.
- Forme en los bordes inferiores de delanteros y espalda pequeños pliegues hasta obtener la medida justa de cadera e hilvánelos.
- Arme los bolsillos. Forme sus pliegues e hilvánelos. Préndalos a los delanteros a una distancia de 3 cm del borde central y apoyados sobre la línea de ruedo. Fíjelos con un hilván y pase pespunte a 1 cm del borde.
- Hilvane y cosa las costuras laterales.
- Coloque abierta la pieza de cadera derecho contra derecho haciendo coincidir los bordes. Hilvane y cosa. Baje la pieza e hilvane el borde ya cosido.
- Desmonte el cierre. Coloque la pieza derecha del mismo sobre el delantero derecho encarando sus derechos y haciendo coincidir los bordes. Hilvane y cosa. (El extremo inferior del cierre debe llegar hasta 1 cm antes de la mitad de la pieza de cadera.)
- Una el delantero derecho del forro a su vista correspondiente (derechos encarados) siguiendo la línea MN marcada en el plano de corte.
- Una la vista trabajada con el delantero que tiene el cierre aplicado encarando los derechos. Hilvane y cosa.
- Coloque cierre, forro y vista en el delantero izquierdo repitiendo el procedimiento anterior.
- Extienda la prenda sobre una mesa con el revés hacia abajo. Coloque el forro de espalda sobre la misma con el revés hacia arriba y una los lados del forro.
- Dé vuelta.

- Hilvane para sujetar los dos bordes de cada vista y el forro en costados, medio de espalda, sisas y escote.
- Forme pequeños pliegues en el ruedo del forro de la misma forma que los hizo en la tela.
- Doble hacia adentro la pieza de cadera, hilvánela y fórrela.
- Arme las mangas uniendo primero la costura superior.
- Pase pespunte de adorno volcando la costura hacia un lado y que coja las tres capas de tela. Luego cierre la costura de debajo del brazo.
- Confeccione los forros de las mangas y colóquelos (revés con revés) en el interior de las mismas. Hilvane cerca de los bajos y de las sisas.
- Cierre y coloque el puño habiendo realizado previamente pliegues en cada bocamanga.
- Hilvane las mangas al cuerpo de la campera dejando libre su forro. Cosa a máquina y pase pespunte de adorno volcando la costura hacia un lado y tomando las tres capas de tela.
- Coloque hombreras, sujetando el centro de ellas a la costura de los hombros por medio de un hilván.
- Haga un pequeño doblez en la orilla del forro suelto, hilvane sobre la costura de sisa y forre.
- Realice el molde del cuello como enseñamos en la lección N° 11 y redondee los extremos.
- Corte dos piezas de cuello como se indica en el plano de corte.
- Superponga las dos piezas encarando los derechos y cosa a lo largo del borde exterior.
- Dé vuelta al derecho, hilvane alrededor del borde cosido.

- Coloque la pieza externa del cuello, derecho contra derecho del escote de manera que coincidan centros de espalda y delantero. Hilvane a lo largo y cosa.
- Haga un pequeño doblez en el borde libre de la pieza interior del cuello y fíjelo con punto dobladillo sobre la costura anterior.
- Pase pespunte de adorno en los delanteros a 1 cm del borde central y alrededor del cuello.

LECCIÓN Nº 45

CHAQUETA CLÁSICA

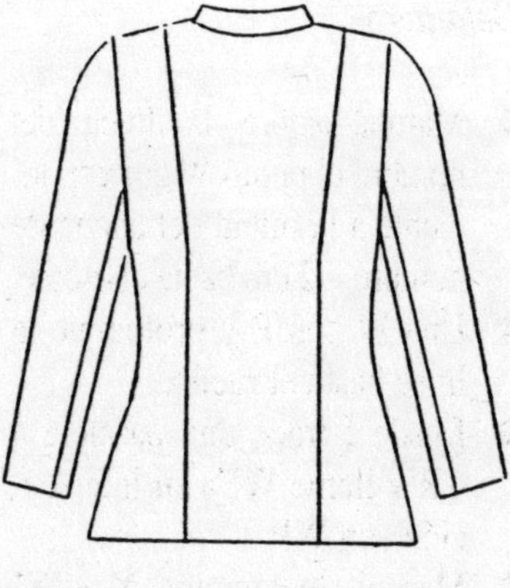

Chaqueta entallada con cortes en la espalda y delanteros, botonadura simple, bolsillos superpuestos y manga sastre.

Materiales necesarios

- Tela = dos largos de chaqueta + 40 cm de 1,40 m de ancho.
- Forro = dos largos de chaqueta + 10 cm de 1,40 m de ancho.
- Entretela = 0,75 cm.
- Tres botones. Hombreras.
- Sedalina al tono.

Moldes

Prepare el molde de chaqueta base y realice las siguientes transformaciones:

Delantero

- Marque sobre la línea del hombro el punto W correspondiente a la mitad del ancho de hombro – 2 cm hacia el escote.
- Una W con P y prolongue la línea hasta el ruedo.
- Desde I trace una paralela a CR y llame W' a su intersección con WP.
- Marque los puntos Y e Y' cada uno a 1 cm de W y únalos con W' para formar la pinza del hombro.

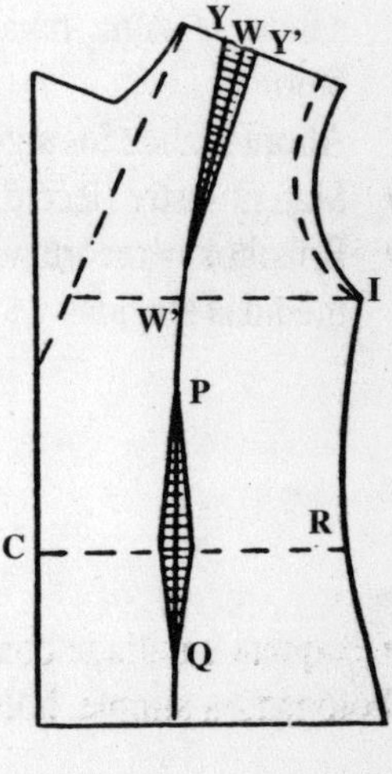

- Prolongue la línea del hombro 2 cm y dibuje nuevamente la sisa.
- Recorte el molde separando las piezas y eliminando las zonas rayadas.

Espalda

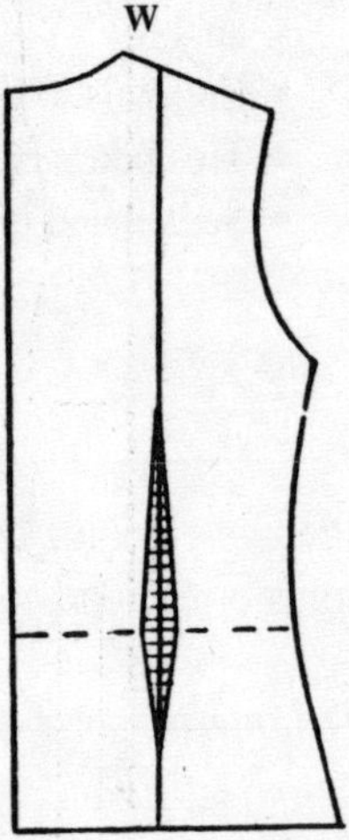

- Marque sobre la línea del hombro el punto W correspondiente a la mitad del ancho de hombro – 2 cm hacia el escote.
- Desde W trace una línea paralela a la del medio de la espalda y realice pinza de entalle como en el delantero, sobre la línea de cintura.
- Recorte el molde por esa línea, separando las piezas y eliminando la zona rayada del dibujo.

Ahora realice los siguientes moldes:

- Manga sastre (lección Nº 16)
- Bolsillos = recortando un rectángulo de papel con las medidas elegidas y los ángulos inferiores redondeados.

Plano de corte

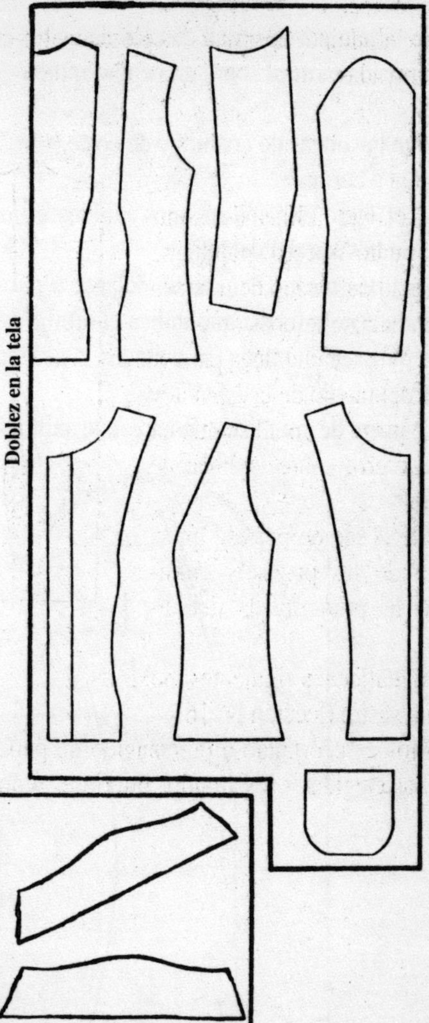

CORTE

- Doble la tela por la mitad con los derechos encarados.
- Coloque los moldes sobre ella como indica el plano de corte.
- Marque las líneas de costura y de corte.
- Proceda a cortar.
- Corte el forro con los mismos moldes eliminando la parte de la vista del delantero.
- Una las dos piezas del molde delantero para cortar la entretela con la forma que indica el dibujo y eliminando la pinza del hombro (se evita así la acumulación de tela).

  Los bordes de este corte únalos con puntadas largas.

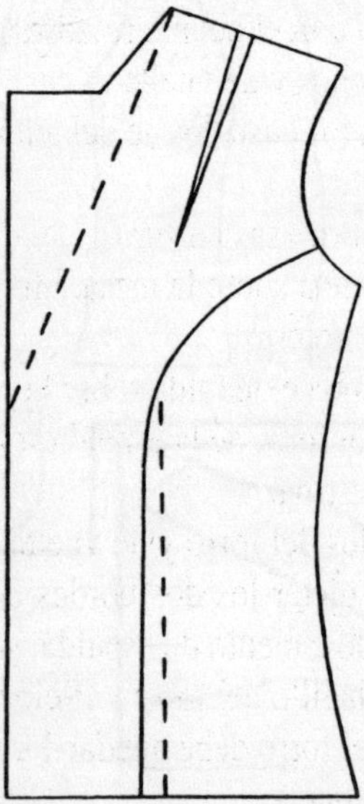

Confección

- Pase punto flojo por las líneas de costura.
- Una las piezas de la espalda y las de los delanteros.
- Hilvane hombros y costados.
- Pruebe, marque las correcciones necesarias y realícelas.
- Cosa a máquina las piezas de espalda y delanteros.
- Aplique la entretela picándola (lección Nº 28) o si es termoadhesiva con plancha.
- Prepare los bolsillos como se indica en la lección Nº 30 y aplíquelos sobre los delanteros.
- Realice tres ojales horizontales de tela (lección Nº 29).
- Una los delanteros del forro con sus vistas correspondientes, encarando los derechos.
- Una cada vista con el delantero correspondiente, encarando los derechos y dé vuelta.
- Hilvane y cosa los costados de delanteros con los de espalda.

  Planche para abrir esas costuras.
- Extienda la prenda sobre la mesa, hilvane el dobladillo y fíjelo con punto cruz.
- Coloque la prenda extendida sobre la mesa con el revés hacia abajo, y el forro de la espalda sobre la misma con el revés hacia arriba.
- Una los costados del forro y dé vuelta.
- Hilvane para sujetar los dos bordes de cada vista y el forro en costados, medio de espalda, sisa y escote.
- Realice el dobladillo del forro y fíjelo a la tela teniendo en cuenta que el forro debe quedar 1 cm por encima del ruedo de la chaqueta.

- Hilvane y cosa las costuras de los hombros.
- Realice el molde de cuello. Corte al hilo la tapa exterior y la interior al sesgo.
- Corte también la entretela al sesgo con el mismo molde.
- Confeccione y coloque el cuello como explicamos en la lección Nº 27.

Manga sastre

Confección

- Una mediante costura de máquina los lados A y A' encarando los derechos (costura interior de la manga).
- Planche para abrir la costura y estire la misma entre los puntos X y X' del bajomanga solamente.
- Una mediante costura de máquina los lados B y B' (costura del codo) y abra esta costura con plancha.
- Realice el dobladillo de la manga.
- Arme el forro de la manga de igual forma que ésta.
- Coloque la manga (del revés) sobre la mesa con el bajomanga hacia arriba.
- Coloque el forro de la manga (del revés) sobre la manga, encarando los dos bajomangas.

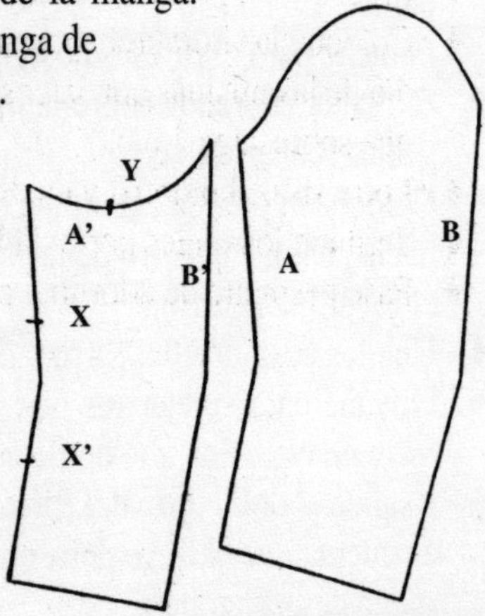

- Una mediante hilván las costuras del codo de forro y manga, dejando libre 10 cm en cada extremo.
- Dé vuelta solo el forro, de manera que quede recubriendo el revés de la manga y el derecho del mismo hacia el exterior.
- Realice el dobladillo del forro, teniendo en cuenta que debe quedar 1 cm por encima del ruedo de la manga.
- Dé vuelta hacia el derecho la manga forrada.
- Planche la costura del codo para cerrarla formando un borde.
- Pase dos bastillas por el contorno de la bocamanga y embébalo para igualar la medida del contorno de sisa.

Colocación

- Hilvane las mangas a las sisas, haciendo coincidir la costura del costado de la chaqueta con el punto Y del bajomanga.
- Pruebe y luego cosa a máquina.
- Coloque las hombreras haciendo coincidir la parte media de las mismas con la costura del hombro y de modo que sobresalga 1 cm.
- Forre sisas, hombros y cuellos.
- Termine los ojales por el lado de la vista.
- Pase pespunte de adorno y planche.

LECCIÓN Nº 46

ABRIGO

Abrigo cruzado en el delantero con cuatro botones, martingala, bolsillos superpuestos con tapa y manga sastre.

Plano de corte

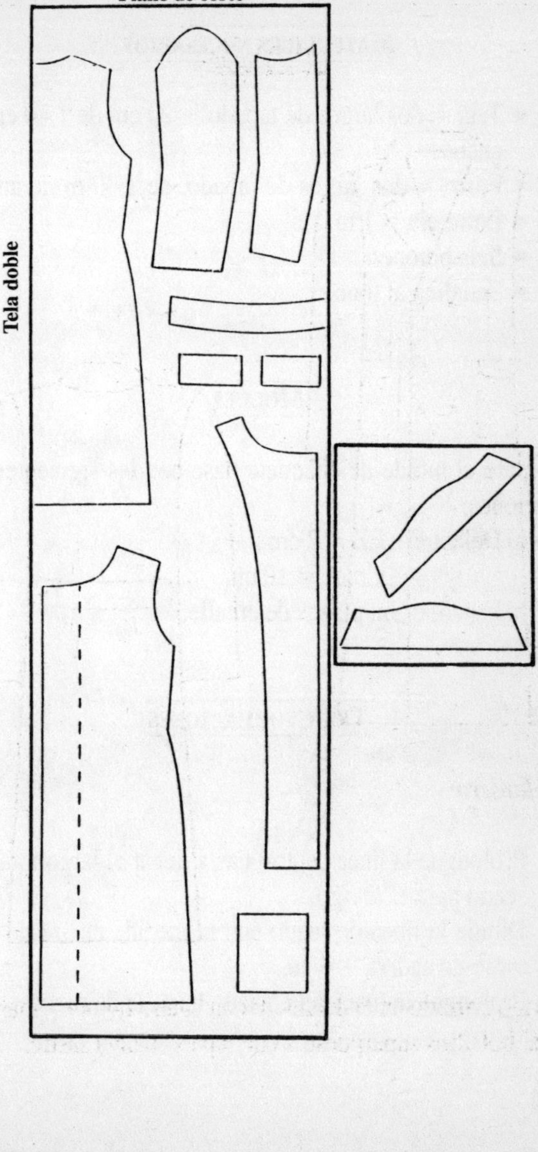

ABRIGO

Materiales necesarios

- Tela = dos largos de tapado + 20 cm de 1,40 cm de ancho.
- Forro = dos largos de tapado, de 1,40 m de ancho.
- Entretela = 1 m.
- Seis botones.
- Sedalina al tono.

Moldes

Prepare el molde de chaqueta base con las siguientes variaciones:

a) Delantero: EZ = 2 cm
Cruce = 10 cm.

b) Espalda: Sin pinzas de entalle.

Transformaciones

Delantero

♦ Prolongue la línea central hasta llegar al largo total deseado para el abrigo.

♦ Dibuje la línea de ruedo con la medida de 1/4 de contorno de cadera + 4 cm.

♦ Prolongue la línea del costado hasta la de ruedo.

Espalda

- Prolongue la línea central de la espalda hasta el largo elegido.
- Trace la línea de ruedo y prolongue la línea del costado igual que en el delantero.
- Prepare los rectángulos de papel para bolsillos, tapas y martingala con las medidas deseadas.

Corte

- Doble la tela por la mitad con los derechos encarados.
- Coloque los moldes sobre ella como indica el plano de corte y reserve la cantidad necesaria para el cuello.
- Marque las líneas de costura y de corte.
- Proceda a cortar.
- Corte el forro con los mismos moldes, eliminando la parte de la vista del delantero.
- Corte la entretela.

Confección

- Pase punto flojo por las líneas de costura.
- Hilvane hombros, costados y pinzas.
- Pruebe, marque la altura de los bolsillos, martingala y las correcciones necesarias. Realícelas.
- Aplique la entretela picándola (lección Nº 28) o si es termoadhesiva con plancha.
- Prepare bolsillos y tapitas como se indica en la lección Nº 30 y aplíquelos sobre los delanteros.

- Realice dos ojales horizontales de tela (lección Nº 29).
- Coloque vistas y forro.
- Arme y coloque cuellos y mangas, de la misma forma que lo hicimos en la chaqueta clásica (lección Nº 45), ya que estos pasos son comunes a ambas prendas.
- Prepare y coloque la martingala.
- Pase pespunte de adorno, pegue botones y planche toda la prenda.

LECCIÓN Nº 47

PRÁCTICA DE DISEÑO

Habiendo finalizado el estudio de las 46 lecciones anteriores, usted ya tiene conocimiento de cuáles son las transformaciones que se pueden realizar sobre una prenda y de cómo llevarlas a cabo.

Ejemplos: fruncido; pliegues; tablas; drapeado; godet; cortes; diferentes largos y anchos en mangas, faldas, blusas, etcétera; aplicación de piezas tales como canesú, cuellos, cinturones, bolsillos; aplicación de accesorios tales como botones, hebillas, etc.

Cada transformación realizada, a su vez puede ser cambiada de acuerdo a su gusto e imaginación; una falda fruncida puede llevar poco o mucho frunce, una falda tableada puede llevar una, dos o más tablas e inclusive puede ser completamente tableada.

Además, tiene la posibilidad de hacer múltiples combinaciones y cambios de formas, por ejemplo en una falda tableada puede aplicar un caderín o formar un canesú que puede ser recto, con picos u otras variantes.

Si a esto agregamos la variedad de telas existente, observamos que las posibilidades de creación son enormes.

A continuación indicamos un procedimiento práctico para diseñar una prenda mediante el desarrollo de un ejercicio.

Ejercicio Nº 1

Diseño primario de una blusa holgada, corta y sin mangas, de escote V y botonadura delantera. Ajusta en la cintura por medio de pliegues y termina en una piaza angosta. Le recomendamos que trabaje con medidas reducidas para lo cual debe utilizar una regla a escala como la siguiente:

Delantero

♦ Forme el rectángulo ABCD con las medidas:
- AB = 40 cm
- AC = 50 cm

♦ Divida el rectángulo por medio de las líneas EF y GH que unen los puntos medios de los lados.

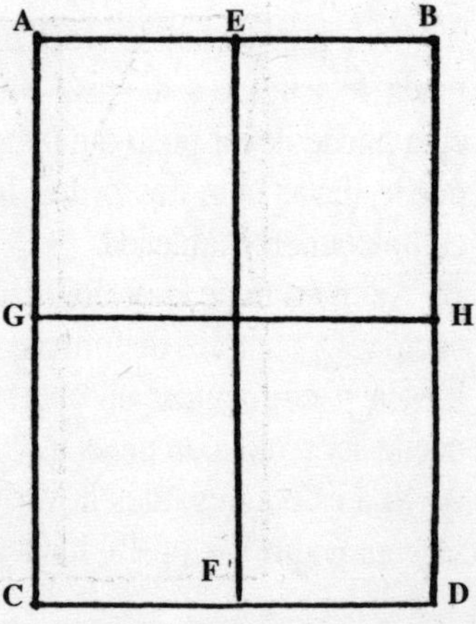

- Dibuje el escote:
Desde E, 16 cm hacia abajo marque I.
Desde E, 8 cm hacia la derecha y hacia la izquierda marque J y K respectivamente.
Una I con J e I con K.
- Desde A y desde B 4 cm hacia abajo marque la caída de hombros = L y M.
- Una J con L y K con M.

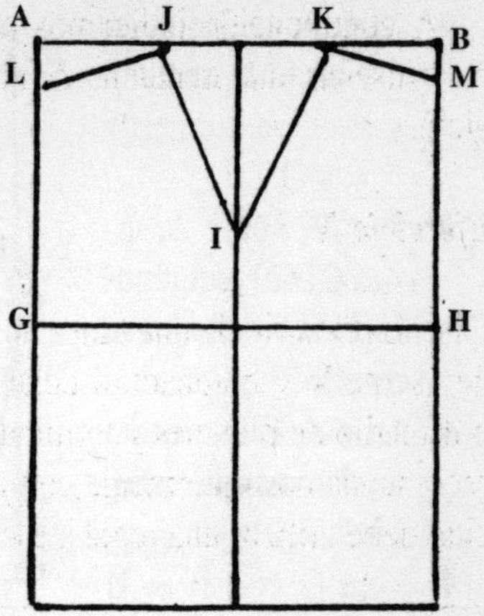

- Dibuje las sisas uniendo L con G y M con H mediante curvas.

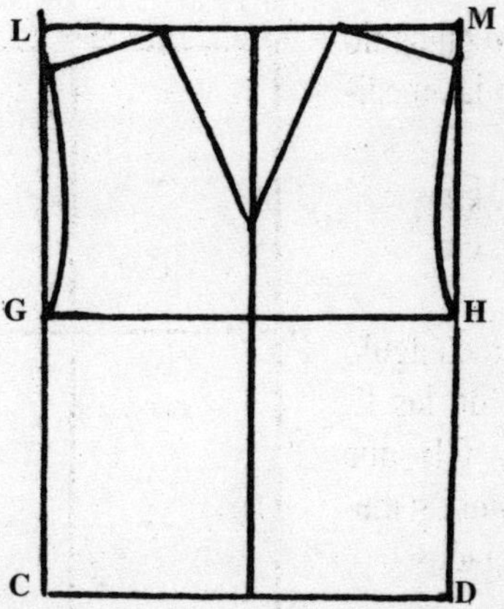

- Marque desde F 16 cm hacia la derecha y hacia la izquierda = P y Q.
- Forme sobre la línea CD el rectángulo PP'QQ' de 3 cm de alto.
- Desde P'Q' hacia arriba marque pliegues.
- Una G con P' y H con Q' por medio de curvas.

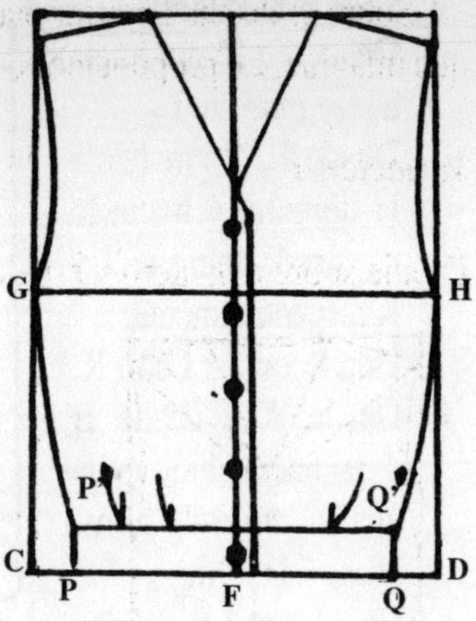

- Dibuje el cruce delantero y la botonadura.

  Así quedó formado el diseño primario del delantero.
- Realice el diseño primario de la espalda procediendo de igual forma que en el delantero.

Sobre el diseño anterior puede practicar las variaciones que imagine. Le proponemos como ejemplos las siguientes:

Variación 1

Dibuje sobre delantero y espalda un cuello marinero.

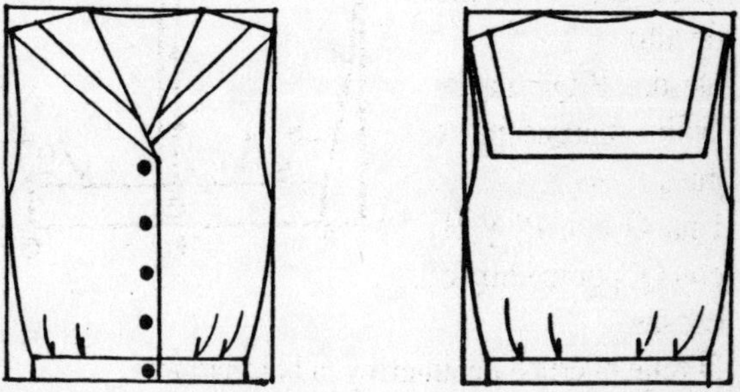

Variación 2

Dibuje en el delantero solapas unidas a los hombros por medio de botones. La espalda mantiene el diseño primario.

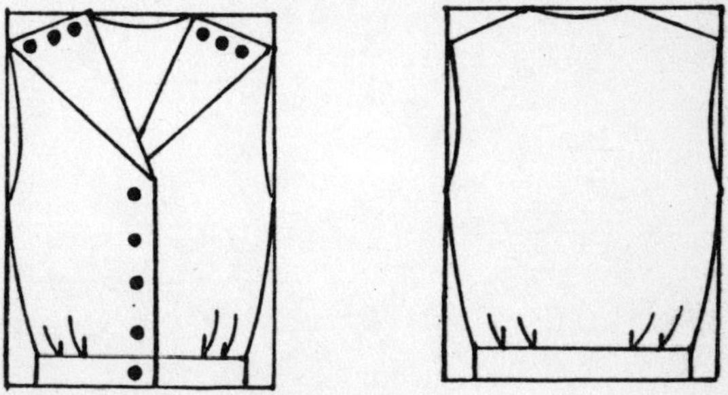

ÍNDICE

Procedimientos de costura y confección

Ejecución completa de quince modelos fundamentales

Un manual práctico y muy útil para aprender a escribir con corrección y propiedad.

- Claves para presentar y estructurar la información en cualquier tipo de escrito.
- Cómo descubrir nuestro propio estilo personal de escritura.
- Estrategias para dominar los resortes de la gramática, la sintaxis y la acentuación.
- Cuáles son los principales vicios y errores lingüísticos que deben evitarse al escribir.

Fórmulas sencillas y naturales para mantenerse en forma y frenar los efectos del envejecimiento.

- Cómo reconocer los signos del proceso de envejecimiento.
- La influencia de la alimentación.
- Cómo influye el ejercicio y el deporte.
- Cómo minimizar algunos de los más comunes trastornos del envejecimiento.

Un método sencillo y ameno para dominar las claves del dibujo creativo, desde los paisajes a los retratos.

- Descubrir las técnicas del dibujo paisajístico.
- Cómo utilizar una cuadrícula para crear escenas panorámicas.
- Claves para realizar esbozos de los más variados animales en las más diversas posturas.
- Cómo dibujar de forma naturalista las distintas partes del cuerpo humano.